知れば知るほど面白い

この漢字が読めますか?

加納喜光

PHP文庫

○本表紙図柄＝ロゼッタ・ストーン（大英博物館蔵）
○本表紙デザイン＋紋章＝上田晃郷

文庫版はじめに

ひところ、漢字は情報革命の時代には不向きな文字といわれたことがあるが、予想に反して、漢字がコンピュータに適する文字だとわかってきた。

第一に、情報量が多い。第二に、映像的である。だから、コンピュータにのりやすい。情報化社会では漢字の必要性がますます高くなったといっても過言ではない。

第三の特性として、読みやすさがある。もちろん、漢字の基本を知っていないと読みようがないが、幸いに日本人は識字率が高い。義務教育を受けた人なら、たいてい二〇〇〇字くらいは読めるはずである。

問題は、漢字を組み合わせた場合である。一字一字は知っていても、二字以上になると読めそうで読めない場合がある。だから、ふだんの学習が必要になる。

二十年ほど前、筆者は、「読めそうで読めない」漢字を集めて一冊を著したが、これが漢字ブームに火をつけた。本書の元版も、その姉妹編であった。その後、漢字ブームはやや下火になったが、現在もテレビなどでは漢字クイズが毎週のように流れている。まだまだ漢字は視聴者あるいは読者の興味を引きつけているようである。

「読めそうで読めない」と「読めない」は違う。先にも述べたとおり、一字一字は読めるが二字以上だと読みにくいものがある。たとえば、松と明は誰でも読めるだろうが、「松明」だと読みにくい（「たいまつ」と読む）。「鼺」は多くの人が読めないかもしれない（「かぶとがに」と読む）。後者は、はじめから漢字の読み方を知らない場合である。

なぜ、こんなことが起こるのだろうか。理由は二つある。一つは、漢字の側にある。漢字の本来の読み方は古典漢語（中国古典に使われた漢字）の音である。ただし、その当時（紀元前四～三世紀）の音ではなく、それから五百年ばかりあとの発音である。日本語や韓国語は、この音を脈々と受け継いでいる（現代の中国語とはかなり違う）。日本語では音の外に訓（日本語の読み方）を発明したため、読み方が音訓の二本立てになった。それだけ読みの多様性が増えたわけである。

もう一つの理由は、国の側にある。戦後、漢字がむずかしいという議論が起こり、字数を制限することを国語政策とした。そこで当用漢字が制定され、一八〇〇字ほどに制限された。現在では常用漢字として二〇〇〇字ほどに増えたが、学校ではこれ以外を教えることはない。とくに、動植物関係の常用漢字は極端に少なく、生物の名前はカタカナ書きが標準となった。見知らぬ漢字が多いのは、制限された漢字が教科書にもメディアにもあまり露出しないせいである。

しかし、じつは日本文化のさまざまな分野で、これらの漢字は多く使われているのである。歴史に欠かせないものや、現役ばりばりのものもある。読めないからといっても、言い換えは利かない。結婚式で「熨斗袋」が読めないでは恥をかくだろう（「のしぶくろ」と読む）。葬式では、「位牌」や「卒塔婆」は常識として押さえておきたい（「いはい」「そとば」と読む）。日常生活では、「米酢」や「黄粉」も正しく読みたいものである（「よねず」「きなこ」と読む）。もし、宴席などで「皿鉢料理」や「卓袱料理」を読めたら〝ハナタカ〟を味わえるかもしれない（「さわちりょうり」「しっぽくりょうり」と読む）。

本書は、「読めそうで読めない」漢字だけでなく、「読めない」漢字を、日本文化の各方面から集めている。業界用語、隠語、妖怪、架空人物、さては女性誌の定番漢字まで広範囲におよぶのが特色である。クイズ形式で、楽しみながら、常識の漢字、超常識の漢字の読み方が学べるよう工夫されている。

本書の旧版が出てから久しいが、装いを新たにして世に送ることにした。内容は基本的に変わらないが、表記や補足説明など、加筆訂正した箇所がある。また、巻末に新たに「漢字おさらいクイズ」を付した。本書が読者の漢字力を高める一助になれば幸いである。

二〇二〇年　九月

はじめに

「蕎麦は熱燗で始まった。浅蜊の時雨煮、子持ち昆布を肴に、ちびちびと杯を酌み交わす。赤貝の酢の物、玉子焼、鳥山葵和え、焼き鳥、天麩羅……これが江戸っ子の喰いモンでぇ！　とでも言いたくなるような飾り気のないストレートなうまい肴の数々」

この文章は、雑誌「クロワッサン」（二〇〇二年一月十日号、マガジンハウス）からの引用である。こぐれひでこさんによる蕎麦屋さんの紹介記事の一部（ただし、表記に少し手を加えた）。

食べ物に関する言葉があるが、あなたは漢字がいくつ読めますか。

〈答え〉蕎麦（そば）、熱燗（あつかん）、浅蜊（あさり）、時雨煮（しぐれに）、昆布（こんぶ）、肴（さかな）、赤貝（あかがい）、酢の物（すのもの）、玉子焼（たまごやき）、鳥山葵和え（とりわさびあえ）、焼き鳥（やきとり）、天麩羅（てんぷら）

中国料理が漢字だらけなのは当然だが、日本料理も漢字が多い。仮名で書けないことはないが、漢字と仮名は視覚的な感じがだいぶ違う。漢字は意味がとりやすいし、地の文から浮き上がって見え、まとまりがあり、それだけ印象が強い。ここに漢字の効用がある。

このごろ漢字検定がにぎわっているらしい。漢字に弱い人が増えている現実が、その流行の裏にあるのかもしれない。筆者はこれまで何の役にも立たない学問を大学で教えてきたが、最近は反省するようになった。

学生が社会に出て何か役に立つものはないかと考えてみると、結局、筆者の専門である漢字に行き着いた。そこで、授業の合間に、漢字検定の予行演習をすることにした。意外に学生は熱心である。もう三年目になるが、合格者もだんだん増えてきた。

漢字の学習は、もちろん検定合格という実用だけが目的ではない。漢字を知ることは結局、日本語を豊かにすることであり、日本文化を継承することである。漢字という記号は中国人が発明したものだが、日本人はそれを言語表現の手段として取り入れた。だから、漢字なしでは日本文化は語れない。

しかし、漢字は読むのがむずかしい。あらかじめ知っていないと読めないものが多い。人名、地名などは、とくにそうである。まちがった読み方をすると失礼だし、恥をかく。あらかじめ知るにはどうしたらよいか。手っ取り早く本にあたることだろう。

本書は、日本文化のさまざまな分野の漢字ことばを集めている。読みのレベルで、初級、中級、上級、Specialの順に配列した。答えには、読みのほかに意味を簡単に述べた。解説では、そのなかからいくつかを選んで、おもしろい話題や、字源・語源などを説明した。読者が本書を役立てていただければ幸いである。

二〇〇二年四月

加納喜光

目次　この漢字が読めますか？

この漢字が読めますか？

【年中行事】

初級編 まずは、小手調べ

❶ 彼岸
❷ 七五三
❸ 七草
❹ 十三夜
❺ 七夕
❻ 八十八夜
❼ 中元
❽ 二百十日
❾ 節分
❿ 四万六千日

中級編 ちょっとむずかしい！

❶ 達磨市
❷ 復活祭
❸ 羽子板市
❹ 謝肉祭
❺ 朝顔市
❻ 降誕祭
❼ 端午の節句
❽ 万愚節
❾ 重陽節
❿ 巴里祭

← 答えは次のページ

❶ **ひがん**
春分・秋分の日の前後七日間。墓参りなどをする

❷ **しちごさん**
十一月十五日。男児（三歳、五歳）、女児（三歳、七歳）の神社詣で

❸ **ななくさ**
春の七草。正月七日に七草がゆを食べる。秋の七草もある

❹ **じゅうさんや**
陰暦九月十三日の夜。栗名月

❺ **たなばた**
七月七日の夜。星祭り

❻ **はちじゅうはちや**
立春から八十八日目の五月二日ごろ。種まきをする

❼ **ちゅうげん**
陰暦七月十五日。このころ贈答をする

❽ **にひゃくとおか**
立春から二百十日目の九月一日ごろ。台風がくるといわれる

❾ **せつぶん**
立春の前日。二月三日ごろ。豆まきをする

❿ **しまんろくせんにち**
最大の功徳が得られるとされる観音の縁日。東京の浅草寺（七月十日）が有名

---

❶ **だるまいち**
正月から三月にかけて、社寺の縁日で立つ達磨を売る市

❷ **ふっかつさい**
春分のあとの満月後の日曜日にキリストの復活を祝う祭典

❸ **はごいたいち**
歳末、羽子板を売る市。東京の浅草寺が有名

❹ **しゃにくさい**
カトリック教国の祝日。カーニバル

❺ **あさがおいち**
七月六日から三日間、東京の鬼子母神で立つ市

❻ **こうたんさい**
十二月二十五日。クリスマス

❼ **たんごのせっく**
五月五日。男児の節句。鯉のぼりを立てる

❽ **ばんぐせつ**
四月一日。エイプリルフール

❾ **ちょうようせつ**
陰暦九月九日。菊の節句

❿ **パリさい**
七月十四日。フランス革命記念日

上級編 さらに手ごわい！

❶ 上巳
❷ 祇園祭
❸ 初午
❹ 竿燈祭
❺ 盂蘭盆
❻ 三社祭
❼ 酉の市
❽ 山王祭
❾ 鬼灯市
❿ 義士祭

難読編 いよいよ超難問！

❶ 左義長
❷ 乞巧奠
❸ 涅槃会
❹ 半夏生
❺ 放生会
❻ 追儺
❼ 灌仏会
❽ 神嘗祭
❾ 新嘗祭
❿ 白馬節会

⬅ 答えは次のページ

❶ **じょうし**
三月三日。雛祭り。桃の節句

❷ **ぎおんまつり**
七月に行なわれる、京都の八坂神社の祭り

❸ **はつうま**
二月の最初の午の日。稲荷神社の祭り

❹ **かんとうまつり**
八月三〜六日ごろ、秋田市で行なわれる夏祭り（正式名称は秋田竿燈まつり）

❺ **うらぼん**
七月十三〜十五日、または八月十三〜十五日に祖先の霊を祀る

❻ **さんじゃまつり**
五月十七、十八日ごろに行なわれる、東京の浅草神社の祭り

❼ **とりのいち**
十一月の酉の日。鷲神社（大鳥神社）の祭り。年によって二回または三回ある

❽ **さんのうまつり**
六月十五日、東京の日枝神社で行なわれる祭り

❾ **ほおずきいち**
七月九、十日、東京の浅草寺で立つ市（浅草寺ではほおずき市と表記）

❿ **ぎしさい**
十二月十四日、赤穂浪士の討ち入りの日に行なわれる祭り

---

❶ **さぎちょう**
小正月（一月十五日）の行事の一つ。門松などを焼く

❷ **きこうでん・きっこうでん**
陰暦七月七日の行事が、のちに七夕祭りとなった

❸ **ねはんえ**
陰暦二月十五日、釈迦の入滅を記念して行なう法会

❹ **はんげしょう**
夏至から十一日目の七月二日ごろ。田植えの終わり

❺ **ほうじょうえ**
生き物を放す儀式。九月十五日、石清水八幡宮で行なわれる

❻ **ついな**
節分（昔は大晦日の夜）に悪鬼を追い払う行事

❼ **かんぶつえ**
陰暦四月八日、釈迦の誕生日の行事。釈迦の像に甘茶を注ぐ

❽ **かんなめさい**
十月十七日、天皇が新穀を伊勢神宮に奉る行事

❾ **にいなめさい**
十一月二十三日、天皇が新穀を食する儀式

❿ **あおうまのせちえ**
正月七日、天皇が白または葦毛の青馬を見る儀式

●門松の松の意味は？

年中行事には、植物や食べ物がつきものである。正月には、門松の松。なぜ、松を飾るのか。松は常緑樹である。中国の詩文には、永遠性の象徴として松柏（しょうはく）がよく使われる。正月に松を飾るのは、長寿を願うという意味があった。ちょっと補足すると、柏はブナ科のカシワではなく、ヒノキ科の常緑樹コノテガシワである。ブナ科のカシワは落葉樹だから、永遠性の象徴にはならない。

三月三日は桃の節句。桃は割れ目があるため、女性の性器に見立てるのは洋の東西を問わず普遍的らしい。中国の詩文では、エロスの象徴、また生殖の象徴として桃が使われた。中国の上巳（じょうし）節は桃とは関係がないようだが、日本ではとくに女子の生殖力を祝う（豊饒（ほうじょう）多産を期待する）節句とした。

五月五日は端午の節句、また男子の節句である。家の軒に菖蒲（しょうぶ）を飾ったり、風呂に菖蒲を浸（ひた）して菖蒲湯にしたりする。「風俗・習慣」の項でも述べるが、菖蒲は尚武（しょうぶ）（武を尚（たっと）ぶ）の語呂あわせである。

端午の節句には粽（ちまき）を食べる風習があった。これは中国の屈原（くつげん）伝説と絡んでいる。戦国時代、屈原が政府を追われ、諸国を放浪したあと、五月五日に汨羅（べきら）という川で身を投じた。近くの農民が、彼の遺体が川に棲（す）む竜に食われないよう、粽を川に放り込んだという。この故事から、粽が端午の節句の縁起物となった。

八月十五夜の中秋の名月では団子を供え、また食べる風習があった。中国では月餅である。これらは団円の象徴である。団円は大団円という言葉もあるように、円満を意味する。団子や月餅を食べるのは、家族の団欒を願うわけだ。

陰暦九月九日は重陽節という。日本では菊の節句である。中国では茱萸という木の枝を頭に挿す風習があった。茱萸はぐみではなく、呉茱萸という木で、邪気を祓う効果があるとされた。しかし、日本人にはあまりなじみがないため、ちょうど旬である菊を代用する。菊の葉を浸した酒を飲み、菊の花を観賞する。菊は長寿のシンボルであった。

年中行事は年々廃れていき、形骸だけが残る。門松を立てても、その意味がもはやわからなくなった。車などに形ばかりの（まがいものの）飾りをつけたりする。除夜のカウントダウンだけは、テレビを通じて華々しく行なわれている。なぜ、正月がめでたいのか、考えもしない。除夜の除とは邪魔なものを取り除く、つまり古くなった時間を切り開いて新しくするという意味だ。古いものから新しいものに切り替わるのが除夜の意味である。除夜には蛇が皮を抜け替わるような、人が新しい生命に生まれ変わる瞬間が訪れる。

こんな意味を知って、カウントダウンに臨みたいものである。

《冠婚葬祭》

初級編 まずは、小手調べ

❶	❸	❺	❼	❾
還暦	忌中	人前結婚式	召天	供養

❷	❹	❻	❽	❿
忌日	喪主	密葬	元服	法会

中級編 ちょっとむずかしい！

❶	❸	❺	❼	❾
通夜	新盆	四十九日	供花	華燭の典

❷	❹	❻	❽	❿
行年	戒名	読経	位牌	卒塔婆

⬅ 答えは次のページ

❶ **かんれき**
数え年六十一歳（満六十歳）の祝い。赤いちゃんちゃんこを着る

❷ **きにち**
命日と同じ

❸ **きちゅう**
四十九日までの喪に服している期間

❹ **もしゅ**
葬式を行なう中心になる者

❺ **じんぜんけっこんしき**
出席者の前で結婚を誓う式

❻ **みっそう**
身内だけの内々で行なう葬式

❼ **しょうてん**
キリスト教徒の死

❽ **げんぷく・げんぶく**
男子、女子ともに、成人になったことを示す儀式

❾ **くよう**
死者の冥福を祈ること

❿ **ほうえ**
死者の供養をする儀式。法事・法要ともいう

---

❶ **つや**
柩のそばで一夜を過ごすこと

❷ **ぎょうねん・こうねん**
これまで生きてきた年数、すなわち死んだときの年齢

❸ **にいぼん・あらぼん**
死者のはじめての盂蘭盆

❹ **かいみょう**
僧が死者につける名前。法名ともいう

❺ **しじゅうくにち**
人の死後四十九日目の法事

❻ **どきょう**
お経を唱えること

❼ **くげ・くうげ・きょうか**
仏前に花を供えること

❽ **いはい**
死者の戒名を書いた札

❾ **かしょくのてん**
結婚式を祝していう言い方

❿ **そとば**
戒名などを書いて墓に立てる細長い板

上級編　さらに手ごわい！

❶ 媒酌人
❷ 結納
❸ 紙婚式
❹ 初七日
❺ 着帯式
❻ 院殿号
❼ 水引
❽ 雄蝶雌蝶
❾ お七夜
❿ 祥月命日

難読編　いよいよ超難問！

❶ 鍮
❷ 神饌料
❸ 三献
❹ 熨斗袋
❺ 修祓料
❻ 弥撒料
❼ 玉串奉奠
❽ 荼毘
❾ 誄歌
❿ 末期の水

← 答えは次のページ

❶ ばいしゃくにん
仲人

❷ ゆいのう
婚約のしるしに取り交わす品。また、その儀式

❸ かみこんしき
結婚一周年の記念日

❹ しょなのか・しょなぬか
人の死後七日目の法事

❺ ちゃくたいしき
妊婦が妊娠五カ月目に帯をつける儀式

❻ いんでんごう
最高位の戒名。院の下に殿を添える

❼ みずひき
祝儀・不祝儀の袋にかける飾りひも

❽ おちょうめちょう
婚礼に用いる雌雄の蝶をかたどった折り紙

❾ おしちや
誕生後七日目の祝い

❿ しょうつきめいにち
故人が死んだ月日と同じ月と日

❶ りん
叩いて鳴らす鉢形の仏具。鈴とも書く

❷ しんせんりょう
お祓いを受けた神官へのお礼

❸ さんこん
祝儀で酒を三回ずつ九回さす作法。三三九度もその一つ

❹ のしぶくろ
熨斗と水引をつけるか、印刷してある祝儀袋

❺ しゅうばつりょう
神社などでお祓いを受けるときの料金

❻ ミサりょう
キリスト教（カトリック）の儀式を行なうときのお礼

❼ たまぐしほうてん
神道の儀式で玉串（榊の枝）を捧げること

❽ だび
火葬

❾ るいか・しのびうた
故人の事跡をしのんで唱える文句

❿ まつごのみず
臨終のとき、口に含ませる水

◉元服と弱冠の由来は？

近年、成人式は荒れる傾向にある。何のための成人式かわからない。式自体が無意味と化したというほかはない。本来の成人式は、イニシエーション（社会的集団に加入するための通過儀式）の一つであろう。子供という状態から別の人間に生まれ変わるための儀式である。これを通過しないと社会的に認められない。

剣豪、佐々木小次郎がいつまでも前髪垂れだったのは、その儀式を受けるための準備ができなかった、つまり烏帽子親（えぼしおや）（男子が元服するときの仮親）がいなかったためらしい。二十歳になると自動的に大人になれるわけではなかった。

元服は、古代中国の成人式である。元という字は、「二（頭の部分）＋兀（首から下の部分）」からできていて、文字どおり、頭のことであった。だから、頭に冠や帽子をかぶるのが元服の意味である。昔は子供と庶民は冠をつける資格がなかった。だからこそ、冠をつけることで社会の一員となることが承認されるのである。

元服をする年齢を弱冠という。『礼記（らいき）』という古典に、「弱にして冠す」とある。弱とは二十歳の異名である。べつに、よわいという意味ではない。体が柔らかく若いことを弱という。弱と若は近い言葉である。だからといって若冠とは書かない。

●媒酌の起こりは?

仲人という職業はきわめて古い。すでに古代の中国にあった。紀元前に媒官という官職があったといわれている。『詩経』(最古の詩集)に「一緒になれないのは良媒がいないから」という文句があり、『孟子』には媒酌という言葉が出ている。

ところで、媒とはどんな意味か。文字の分析をしてみる。某は楳という字に含まれているように、本来はウメのことである。それが某→楳→梅と変わった。ウメは中国原産の植物で、古くから栽培され、食用や薬用にされた。『詩経』でもしばしば歌われ、もっぱら男女間の愛情を詠むときの象徴として使われている。

ウメは酸味があり、妊婦に好まれる。これが生殖、豊饒多産という象徴を生み出す。ここからイメージがさらにふくらんでくる。生殖の前提には結婚がある。その前提として男女の縁結びがある。こうして「女+某(生殖の象徴としてのウメ)」を合わせた媒という字が考案され、男女を結び付け、子孫を生み殖やすように働きかける女性を意味するようになった。

現在の中国にも仲人はいるらしいが、職業ではあるまい。日本でも、職業というよりは、媒酌人という形骸だけが残っている。

【色】

初級編　まずは、小手調べ

❶ 藍
❷ 濃紫
❸ 紺
❹ 赤褐色
❺ 丹
❻ 乳白色
❼ 緋色
❽ 橙色
❾ 黄金色
❿ 薔薇色

中級編　ちょっとむずかしい！

❶ 漆黒
❷ 紺青
❸ 茜色
❹ 紺碧
❺ 土気色
❻ 銀灰色
❼ 菫色
❽ 紅蓮
❾ 臙脂
❿ 緑青色

← 答えは次のページ

❶ **あい**
青系。青より濃く、紺より淡い

❷ **こむらさき**
紫系。黒みを帯びた濃い紫色

❸ **こん**
青系。紫が混ざった青色

❹ **せっかっしょく**
茶系。赤みがかった褐色

❺ **に**
赤い色。赤土で染めた色

❻ **にゅうはくしょく**
白系。ミルクのような白色

❼ **ひいろ**
赤系。濃く鮮やかな赤色

❽ **だいだいいろ**
橙系。赤みを帯びた黄色

❾ **こがねいろ**
黄系。金のように光る黄色。ゴールド

❿ **ばらいろ**
赤系。淡い紅色

---

❶ **しっこく**
黒系。漆(うるし)のような光沢のある黒色

❷ **こんじょう**
青系。鮮やかな藍色

❸ **あかねいろ**
赤系。ややくすんだ赤色

❹ **こんぺき**
青系。黒みがかった青色

❺ **つちけいろ**
土のような色。生気のない顔色をいう

❻ **ぎんかいしょく**
灰色系。銀色を帯びた灰色

❼ **すみれいろ**
紫系。スミレの花のような濃い紫色

❽ **ぐれん**
赤系。ハスの花のような紅色。燃え上がる炎の色をいう

❾ **えんじ**
赤系。濃い赤色

❿ **ろくしょういろ**
緑系。銅の表面にできる錆(さび)のような緑色

上級編 さらに手ごわい！

❶	❷	❸	❹	❺	❻	❼	❽	❾	❿
唐紅	萌葱色	代赭色	利休鼠	浅葱	琥珀色	朽葉色	群青	鳩羽色	納戸色

難読編 いよいよ超難問！

❶	❷	❸	❹	❺	❻	❼	❽	❾	❿
錆朱	鬱金色	紫苑色	縹色	芥子色	鴇色	檜皮色	鶸色	葡萄茶	鈍色

← 答えは次のページ

❶ からくれない
濃い紅色。真紅の美称

❷ もえぎいろ
緑系。黄色がかった緑色。萌黄色とも書く

❸ たいしゃいろ
茶系。茶色がかったオレンジ

❹ りきゅうねずみ
灰色系。緑色を帯びた鼠色

❺ あさぎ
緑系。アサツキの葉のような青緑色

❻ こはくいろ
黄系。茶色がかった半透明の黄色

❼ くちばいろ
黄系。赤みのかかった黄色

❽ ぐんじょう
青系。鮮やかな藍色がかった青色

❾ はとばいろ
紫系。黒みがかった薄い紫色

❿ なんどいろ
青系。緑色がかった藍色

---

❶ さびしゅ
赤系。鉄錆のようなくすんだ朱色

❷ うこんいろ
黄系。ウコンの根で染めた、カレー粉のような濃い黄色

❸ しおんいろ
紫系。紫苑の花のような淡い紫色

❹ はなだいろ
青系。薄い藍色

❺ からしいろ
黄系。マスタードのような、くすんだ濃い黄色

❻ ときいろ
赤系。灰色のかかった淡い紅色

❼ ひわだいろ
赤系。暗くて濃い赤褐色

❽ ひわいろ
緑系。ヒワの羽のような黄緑色

❾ えびちゃ
茶系。エビヅルのような黒みがかった赤茶色。海老茶とも書く

❿ にびいろ
灰色系。濃い鼠色。昔、喪服にこの色が用いられた

◉色の字源は？

抽象的な事柄を漢字で表記する場合、具体的な物のイメージを借りることが多い。なかでも「いろ」は、きわめて抽象的である。これを表すにはどうしたらよいか。

古人の発想は、次のような具合ではなかったか。いろは顔に表れやすい。人の表情を見ると、赤くなったり、青くなったりする。感情はストレートに顔いろに表れる。また、セクシーと感じるのも、顔のいろと無関係ではない。

ここから、セクシーといろを結びつける古人の発想が生まれる。こんな過程を経て考案された、いろを表す漢字は、セックスを意味する漢字と同一であった。すなわち、色という字である。これは「卩」（ひざまずいた人）を上下に配置した図形である。セックスする二人の姿を略画的、暗示的に造形している。

色情や好色の色は、文字どおり、セックスの意味だが、色彩の色の意味にも使われる。英語のcolorには、いろの意味しかないが、漢語（古代中国語）の色や日本語のいろにはセックスの意味もある。東洋人と西洋人の発想はいささか違うようである。

◉五色はどんな色？

三原色という言葉があるが、古代人は五色（ごしき）を基本の色と考えた。これは五行思想の影響もある。音楽では五音、料理では五味といい、五が基本の数である。

では、五色とは何か。赤、青、黄、白、黒である。漢字で具体的な色の名を表す場合、紺、緑、紅、紫など、糸へんがつくことが多い。色は染物と関係があるからだ。ところが、五色には偏がつかない。裸のままである。

こんな漢字は限定符号になる。限定符号とは、漢字の意味領域を示す符号で、世界の存在の最も基本的な指標である。赤、青、黄、白、黒はすべて、漢和辞典では部首になっている。世界の存在には、赤の意味領域、青の意味領域などがあるということだ。

偏のつかない裸の色名は、どのような発想から生まれたか。

「あか」は、火の色が特徴的だ。そこで、「大＋火」で「赤」を造形する。

「あお」は、若草や清水のような澄みきった色である。「生（生えたての草の芽）＋丼（井戸の中の水）」により、「青」を造形する。

「黄」は、脂を燃やして飛ばす火矢から発散する光の色、「白」はどんぐりの中身のほのじろい色、「黒」は煙突のすすの色から生まれた。

五色はいずれも、具体的な物のイメージから発想されたのである。

【住まい】

初級編 まずは、小手調べ

❶ 棟	❷ 網戸
❸ 塀	❹ 露台
❺ 軒	❻ 門扉
❼ 天窓	❽ 納戸
❾ 格子戸	❿ 母屋

中級編 ちょっとむずかしい！

❶ 梁	❷ 破風
❸ 畳表	❹ 鴨居
❺ 鎧戸	❻ 厨房
❼ 入母屋	❽ 庫裏
❾ 上物	❿ 陸屋根

← 答えは次のページ

❶ **むね**
屋根のいちばん高いところ

❷ **あみど**
虫の侵入を防ぐために網を張った戸

❸ **へい**
屋敷の周囲などにめぐらす囲い

❹ **ろだい**
建物の外に張り出したバルコニー

❺ **のき**
屋根の端の張り出たところ

❻ **もんぴ**
門の扉

❼ **てんまど**
屋根に開けた窓

❽ **なんど**
屋内の物置部屋

❾ **こうしど**
木や竹を格子に組んだ戸

❿ **おもや**
中心になる家屋

❶ **はり**
屋根を支えるために柱と柱の上に渡される横木

❷ **はふ**
切妻(きりづま)づくりや入母屋(いりもや)づくりの屋根の端につけられた板

❸ **たたみおもて**
藺草(いぐさ)でつくった、畳の表面に張るござ

❹ **かもい**
戸や障子をはめる部分の、上部に渡した横木

❺ **よろいど**
細長い板や鉄板を並べてつなげた戸

❻ **ちゅうぼう**
台所

❼ **いりもや**
切妻づくりの下にひさしをつけた屋根

❽ **くり**
寺の台所

❾ **うわもの**
土地に建っている建物

❿ **ろくやね**
ほとんど平らな屋根

上級編 さらに手ごわい！

❶ 暖簾
❷ 根太
❸ 襖
❹ 雨樋
❺ 手水場
❻ 枝折戸
❼ 厠
❽ 冠木門
❾ 前栽
❿ 三和土

難読編 いよいよ超難問！

❶ 四阿
❷ 甍
❸ 閨
❹ 校倉
❺ 長押
❻ 蹲
❼ 框
❽ 閼伽棚
❾ 庇
❿ 櫺子窓

⬅ 答えは次のページ

❶ のれん　商店の軒先や入口に垂らす布

❷ ねだ　床板を支える横木

❸ ふすま　紙や布を張って部屋の仕切りに使う建具。唐紙

❹ あまどい　雨水を流す樋

❺ ちょうずば　手洗い。便所

❻ しおりど　木や竹の枝でつくった戸

❼ かわや　便所

❽ かぶきもん　横木を渡しただけで屋根のない門

❾ せんざい　庭先の植え込み

❿ たたき　コンクリートなどで固めた土間

❶ あずまや　屋根と柱だけの建物

❷ いらか　瓦ぶきの屋根

❸ ねや　寝室

❹ あぜくら　柱を使わず、木材を積み重ねてつくった倉

❺ なげし　柱と柱のあいだに渡す横木

❻ つくばい　庭に設けた手洗い鉢

❼ かまち　床などの端に渡す化粧用の横木

❽ あかだな　仏に供える水や花を載せる棚

❾ ひさし　窓や縁側の上の小さな屋根

❿ れんじまど　木や竹を縦または横に組んだ格子を取り付けた窓

●うだつが上がらないの「うだつ」とは？

うだつは、漢字で書くと梲である。卯建とも書くが、これは当て字。うだつは日本建築の用語だが、漢字で書けるということは中国建築にもうだつがあるということにほかならない。

さて、兌は「八（両方に分ける）＋兄（子供）」の組み合わせで、母親が子供の着物を脱がせる情景を図形に表したもの。外側の物を剝ぎ取り、中身を抜き出すというイメージを示す記号として使われる。うだつは梁の上に出ていて、棟木を支える短い柱なので、「兌（抜け出る）＋木」の図形で表記する。

大工の親方を棟梁というくらい、棟と梁は家屋の中核である。さらに、棟上げするには、うだつを上げる必要がある。もし、うだつが上がらなければ建物はできない。そこから、人がいい地位にいけず、ぱっとしないことを、「うだつが上がらない」というようになった。

●閣下と猊下の違いは？

人を尊敬して呼ぶ場合、その人の身分を名につけることがある。おそれ多い人には名前も憚り、その人のいる場所で呼ぶこともある。

閣は、高い建物という意味である。地位が高い人を尊敬して閣下という。閣はその人がいる場所だが、下とは何か。これは自分（呼ぶ人）がいる場所である。下のほうから相手を見上げるかたちになるから閣下というわけだ。

殿下も陛下も、同じような尊敬語である。陛下の陛はたんに階段という意味だったが、秦の始皇帝が陛下を皇帝専用の言葉にした。

高僧に対する敬語は、猊下である。猊はライオンという意味。高僧の坐る座席を猊座という。べつにライオンの皮を敷いてあるわけではなく、説法をライオンが吼える声にたとえたものである。

●閨閥の「閨」とは？

派閥、財閥などが幅を利かすことが多いが、閨閥というのもある。妻の一族が派閥や財閥につながるなら、夫は閨閥に入ることができる。漢語の閨には、女性の寝室という意味がある。だから、そこに住む人（つまり女性）を閨という。閨秀とは、才能の優れた女性の意味である。

女性は住む場所によって、令閨（他人の妻の敬称）、令室（他人の妻の敬称）、北堂（他人の母の尊称）と呼ばれることがある。昔、宮中に勤めていた女性の女房や局も、もとは住む部屋のこと。現代の会社などに生息している〝お局さん〟はこの末裔である。

【道具】

初級編 まずは、小手調べ

1. 盃
2. 鋏
3. 斧
4. 鼓笛
5. 鎌
6. 風鈴
7. 匙
8. 団扇
9. 櫛
10. 懐炉

中級編 ちょっとむずかしい！

1. 鼎
2. 脚立
3. 什器
4. 蒸籠
5. 天秤棒
6. 薬缶
7. 達磨
8. 菜箸
9. 蠟燭
10. 猪口

⬅ 答えは次のページ

❶ さかずき　酒を注いで飲む器

❷ はさみ　紙や布を切る道具

❸ おの　木を割る道具

❹ こてき　太鼓と笛

❺ かま　草などを刈る道具

❻ ふうりん　風にゆれて鳴る鈴

❼ さじ　スプーン

❽ うちわ　あおいで風を起こす円形の道具

❾ くし　髪をとかす道具

❿ かいろ　懐（ふところ）などに入れて体を温める器具

❶ かなえ　三本足の器

❷ きゃたつ　梯子（はしご）の形をした踏み台

❸ じゅうき　日常用いる家具や道具

❹ せいろう　食べ物を蒸す道具

❺ てんびんぼう　荷物を担ぐ道具

❻ やかん　湯を沸かす道具

❼ だるま　達磨大師の座禅の姿に似せた人形

❽ さいばし　料理をつくるときや、おかずを分け取るときに使う箸

❾ ろうそく　蠟（ろう）でつくった灯火用の品

❿ ちょく・ちょこ　酒を注いで飲む器

上級編 さらに手ごわい！

❶ 剃刀
❷ 爪楊枝
❸ 焜器
❹ 杓文字
❺ 独楽
❻ 湯桶
❼ 双六
❽ 俎板
❾ 蠅帳
❿ 南京錠

難読編 いよいよ超難問！

❶ 骰子
❷ 杤
❸ 小芥子
❹ 溲瓶
❺ 雪洞
❻ 漏斗
❼ 散蓮華
❽ 葛籠
❾ 束子
❿ 卓袱台

← 答えは次のページ

❶ **かみそり**
ひげを剃る道具

❷ **つまようじ**
歯にはさまったものをとったり、食べ物を刺したりする道具

❸ **せっき**
粘土をよく焼いた焼き物。備前焼、信楽(しがらき)焼が有名

❹ **しゃもじ**
飯や汁などをすくう道具

❺ **こま**
心棒をまわして遊ぶ玩具

❻ **ゆとう**
湯を入れる道具。「ゆおけ」は別語

❼ **すごろく**
さいころを振って、出た目の数で駒を進める遊び

❽ **まないた**
食材を調理する台

❾ **はいちょう・はえちょう**
蠅から食べ物を守るカバー

❿ **なんきんじょう**
巾着(きんちゃく)の形をした錠

❶ **さい**
さいころ

❷ **き**
拍子木

❸ **こけし**
木製の人形。東北地方の郷土玩具

❹ **しびん**
寝たまま排尿するための容器。尿瓶とも

❺ **ぼんぼり**
小型の行灯(あんどん)

❻ **じょうご**
液体を器に注ぎ入れる道具

❼ **ちりれんげ**
陶磁器の小さじ

❽ **つづら**
衣服を入れるかご

❾ **たわし**
器を洗う道具

❿ **ちゃぶだい**
足の低い食卓

●こまと独楽

筆者の故郷では、正月になると、こま遊びが盛んに行なわれた。曲ごまをまわして得意がる子供もいた。曲ごまは江戸時代に流行したもので専門家もいたらしい。白井喬二の『新撰組』という小説は、曲ごまの流派どうしの争いを描いている。

さて、こまの語源は「こまつぶり」で、こまは高麗(こま)、つぶりは円いものの意という。朝鮮から伝わった遊びということだろう。こまつぶりが略されて、たんにこまとなり、かなり古くから、独楽という漢字表記が当てられた。

独楽は古代の漢語で、北魏(四~六世紀)の文献に出てくる。一人楽しむという意味ではなく、外来語の当て字と思われる。のちになると、陀螺(だら)または陀羅(だら)と書かれ、現在の中国では陀螺が使われている。こまは全世界的な遊びらしいが、発祥の地があって、そこから中国へ、朝鮮へ、そして日本へ伝来したのではと推量される。

●権力と鼎の重さ

鼎は食物を煮たり、酒を温めたりする器で、中国で発明された。二つの耳、三つの足をもった独特の形をしている。鼎はその象形文字である。「具」「真」「貞」にも鼎が形を変えて含まれている。

普通は青銅製で、大きなものから小さいものまであった。天子のシンボルとして王朝から王朝へ伝わった鼎は九鼎と呼ばれ、かなり重かったらしい。

古代中国に楚の荘王という諸侯がいたが、覇王となる下心をもち、当時の天子が所有する鼎の重さを尋ねたという逸話がある。この話から、相手の力を軽んじたり疑ったりすることを、「鼎の軽重を問う」というようになった。

鬲という鼎もある。同じく三本足だが、上と下に分かれ、上が蒸し器になっている。上下が別々に離れているから、間隔の隔（へだたる）、横膈膜（＝横隔膜）の膈という字に、この器の形態のイメージが残っている。融解の融（とける）には蒸し器の機能のイメージが取り入れられている。

●琵琶の語源は？

唐の王翰の詩に、「葡萄の美酒夜光の杯、飲まんと欲すれば琵琶馬上に催す」という句がある。戦場で酒でも飲んで気分を紛らそうと思っている矢先に、琵琶の音がにわかに起こったというもの。これを出陣の合図だという説もある。だとすると、琵琶は悲しい曲を奏でる楽器という一般的なイメージとはだいぶ違う。

琵琶は西アジア方面で生まれた、洋梨形の胴をした弦楽器である。ペルシア語のbarbatの音訳だという。シルクロードを通り、中国、朝鮮を経て、日本へ伝来した。

【スポーツ】

初級編 まずは、小手調べ

❶ 本命
❷ 軍配
❸ 個人技
❹ 四十八手
❺ 旗判定
❻ 格闘技
❼ 直滑降
❽ 角界
❾ 関脇
❿ 輪界

中級編 ちょっとむずかしい！

❶ 徳俵
❷ 入着馬
❸ 産駒
❹ 古馬
❺ 当歳
❻ 太極拳
❼ 優駿
❽ 巴戦
❾ 持久走
❿ 伴走

⬅ 答えは次のページ

❶ **ほんめい**
競馬などで一着が予想される馬や選手

❷ **ぐんばい**
大相撲で行司（ぎょうじ）が持つ軍配団扇（うちわ）の略

❸ **こじんぎ**
個人的なプレー

❹ **しじゅうはって**
相撲の決まり手の総称

❺ **はたはんてい**
格闘技の試合で旗の判定で勝敗を決めること

❻ **かくとうぎ**
ボクシング、レスリング、柔道、相撲など、格闘する競技

❼ **ちょっかっこう**
スキーの板を平行にそろえて、まっすぐ滑り降りること

❽ **かくかい・かっかい**
相撲の世界

❾ **せきわけ**
大関より下、小結より上の力士

❿ **りんかい**
競輪の世界

---

❶ **とくだわら**
相撲の土俵の東西南北で、俵の幅だけ外側にずらして埋めてある俵

❷ **にゅうちゃくば**
競馬で五着までに入った馬

❸ **さんく**
その馬の子であることを指す。普通は父方の名を用いる

❹ **こば**
一般的に四歳以上の馬を指す

❺ **とうさい**
競馬では今年生まれた馬

❻ **たいきょくけん**
中国の伝統的な柔軟体操。もとは武術の一つ

❼ **ゆうしゅん**
とくに優れた競走馬

❽ **ともえせん**
相撲で三人による優勝決定戦

❾ **じきゅうそう**
長時間走ること

❿ **ばんそう**
マラソンなどで、競技者のそばについて走ること

上級編 さらに手ごわい！

❶ 末脚
❷ 力紙
❸ 卍固め
❹ 三重殺
❺ 両差
❻ 内無双
❼ 四股名
❽ 大銀杏
❾ 皐月賞
❿ 黒獅子旗

難読編 いよいよ超難問！

❶ 牝馬
❷ 種牡馬
❸ 青鹿毛
❹ 咬癖
❺ 遮眼帯
❻ 不知火型
❼ 前褌
❽ 輓曳競馬
❾ 騙馬
❿ 跆拳道

← 答えは次のページ

❶ すえあし
競馬で、ゴール前での伸び足のこと

❷ ちからがみ
力士が土俵で体を拭き清める紙。化粧紙ともいう

❸ まんじがため
プロレスで使われる関節技の一つ

❹ さんじゅうさつ
野球で三人を続けてアウトにすること。トリプルプレー

❺ もろざし
相撲で両手を相手の脇に差し入れること

❻ うちむそう
相撲の決まり手の一つ

❼ しこな
力士がつける名

❽ おおいちょう
関取が結う髪型

❾ さつきしょう
サラブレッド系三歳馬により距離二〇〇〇メートルで行なわれるレース

❿ くろじしき
都市対抗野球大会の優勝旗

❶ ひんば
めす馬

❷ しゅぼば
種つけ馬

❸ あおかげ
全身黒色で、一部褐色が混じる馬

❹ こうへき
人やほかの馬を嚙む癖

❺ しゃがんたい
馬が前しか見えないようにする装具

❻ しらぬいがた
横綱の土俵入りの型の一つ

❼ まえみつ
力士がまわしを締めた際に、体の前で横になっている部分

❽ ばんえいけいば
車やそりに重いものを載せて行なう競馬

❾ せんば
去勢された馬

❿ テコンドー
足と拳を用いる、朝鮮半島で生まれた格闘技

●角界の角とは？

相撲は、「すまひ」がもとの語形だという。すまひは争い抵抗するという意味の古語で、ここから二人が組み合う格闘技を「すまう」というようになった。このすまうに相撲の漢字表記を当てたのも相当古いらしい。相撲という言葉は古代の漢語で、晋代（四、五世紀ごろ）の文献に出てくる。それより古くは角力とか角抵（角觝）といった。角には、くらべる、競走するという意味がある。だから、角力は力をくらべる、角抵は競ってぶつかるといった意味である。二人が組み合って力くらべをするスポーツは、中国の戦国時代（紀元前四、三世紀ごろ）に起こったといわれ、非常に古い歴史がある。日本のすまうは神事として行なわれたもので、由来もルールも違うようだが、中国の角力や相撲と似ていたので相撲または角力と書くようになった。なお、力士という言葉も古代漢語だが、たんに力持ちという意味で、相撲取りという意味は日本で生まれた用法である。

●司令塔の由来は？

サッカーで特定の選手を〝司令塔〟といったりするが、サッカーを知らない人はこんなポジションがあるのかと錯覚しそうだ。要するに、指令を発する要の立場にある選手を司令塔といっているのだ。

昔の海軍では、司令長官の乗った軍艦に司令塔があり、ここから長官が全員に指令を発した。軍艦なのに、なぜ塔がついているのか。司令という言葉は、もとは中国にあった官職の名前だったが、明治時代に"conning tower"の訳語として司令塔が生まれたのである。

●なぜ、野球用語は戦争にたとえられる?

スポーツ紙には、弾丸ライナー、先制弾、満塁弾、祝砲などといった文字が躍っている。弾とは物騒であるが、もともと野球には戦争用語が多い。

一塁、二塁の塁は「とりで」、つまり石などを積み上げた防御用の陣地のことである。投手陣、首脳陣という、その陣も、戦争用語。巨人軍の軍も同じ。打撃、遊撃、犠牲打などの言い方、ほかに制覇、雪辱戦など、なんとまあ戦争のたとえが多いことか。試合は基本的には戦いの一種だからであろうか。

そういえば、夏目漱石の『吾輩は猫である』のなかで、猫の主人、苦沙弥先生が近所の中学校の生徒からいじめを受ける話がある。野球のボールが先生宅に打ち込まれる。先生はこのボールをダムダム弾と言っている。野球のボールが、先生にとって弾丸のような破壊力をもっていたのだ。

《映画》

初級編　まずは、小手調べ

❶ 十戒
❷ 喝采
❸ 忠臣蔵
❹ 羅生門
❺ 白鯨
❻ 吸血鬼
❼ 杏っ子
❽ 野良犬
❾ 麦秋
❿ 泥棒成金

中級編　ちょっとむずかしい！

❶ 波止場
❷ 血槍富士
❸ 地獄の黙示録
❹ 火垂るの墓
❺ 天井桟敷の人々
❻ 黄昏
❼ 秋刀魚の味
❽ 椿三十郎
❾ 五瓣の椿
❿ 聖衣

← 答えは次のページ

❶ **じっかい**
モーセの物語。セシル・デミル監督、チャールトン・ヘストン主演。一九五六年

❷ **かっさい**
夫婦愛の再生。グレース・ケリーが出演。一九五四年

❸ **ちゅうしんぐら**
赤穂義士の物語。十二月の定番映画

❹ **らしょうもん**
黒澤明監督、三船敏郎主演。カンヌ映画祭でグランプリを獲得。一九五〇年

❺ **はくげい**
メルヴィル原作の映画化。グレゴリー・ペック主演。一九五六年

❻ **きゅうけつき**
ロマン・ポランスキー監督、シャロン・テート主演。一九六七年

❼ **あんずっこ**
室生犀星原作。成瀬巳喜男監督、香川京子主演。一九五八年

❽ **のらいぬ**
黒澤明監督、三船敏郎主演。一九四九年

❾ **ばくしゅう**
小津安二郎監督、原節子、笠智衆らが出演。一九五一年

❿ **どろぼうなりきん**
ヒッチコックのスリラー。ケーリー・グラント、グレース・ケリーが出演。一九五五年

---

❶ **はとば**
波止場で働く男たちの世界を描く。マーロン・ブランド主演。一九五四年

❷ **ちやりふじ**
内田吐夢監督、片岡千恵蔵主演。槍持ち権八の仇討。一九五五年

❸ **じごくのもくしろく**
ベトナム戦争が主題。コッポラ監督、マーロン・ブランド主演。一九七九年

❹ **ほたるのはか**
高畑勲監督の戦争アニメ。野坂昭如原作。一九八八年

❺ **てんじょうさじきのひとびと**
パントマイム役者と女芸人の恋物語。フランス映画の名作。一九四五年

❻ **たそがれ**
父と娘の和解を描く。ヘンリー・フォンダ、キャサリン・ヘップバーンが出演。一九八一年

❼ **さんまのあじ**
小津安二郎監督、笠智衆、岩下志麻らが出演。一九六二年

❽ **つばきさんじゅうろう**
黒澤明監督、三船敏郎主演。一九六二年

❾ **ごべんのつばき**
母の不倫相手に復讐する娘を岩下志麻が演じる。一九六四年

❿ **せいい**
聖書物語。リチャード・バートン主演。初のシネマスコープ。一九五三年

上級編 さらに手ごわい！

❶ 海底二万哩
❷ 戯夢人生
❸ 菩提樹
❹ 紅孔雀
❺ 汚れなき悪戯
❻ 大菩薩峠
❼ 死の棘
❽ 秋日和
❾ 美しき諍い女
❿ 青幻記

難読編 いよいよ超難問！

❶ 楢山節考
❷ 赤西蠣太
❸ 宇宙皇子
❹ 恋恋風塵
❺ 芙蓉鎮
❻ 不知火検校
❼ 覇王別姫
❽ 雄呂血
❾ 緋牡丹博徒
❿ 馬喰一代

← 答えは次のページ

❶ かいていにまんマイル
ジュール・ヴェルヌ原作。一九五四年

❷ ぎむじんせい
人形劇師の人生を描く。侯孝賢監督。一九九三年

❸ ぼだいじゅ
合唱隊を組んで苦難を乗り越えた家族の物語。一九五六年

❹ べにくじゃく
萩原遼監督。NHKラジオ番組の映画化。一九五四〜五五年

❺ けがれなきいたずら
六歳の少年が名演技。スペイン映画。一九五五年

❻ だいぼさつとうげ
中里介山原作。五回映画化。主役は大河内伝次郎、片岡千恵蔵ら

❼ しのとげ
島尾敏雄原作。小栗康平監督、松坂慶子主演。一九九〇年

❽ あきびより
小津安二郎監督、原節子、司葉子らが出演。一九六〇年

❾ うつくしきいさかいめ
画家とヌードモデルの話。エマニュエル・ベアール主演。一九九一年

❿ せいげんき
一色次郎原作。田村高廣主演。一九七三年

❶ ならやまぶしこう
深沢七郎原作。姥捨(うば)て伝説が主題。木下惠介監督。一九五八年

❷ あかにしかきた
伊丹万作監督、片岡千恵蔵主演。一九三六年

❸ うつのみこ
藤川桂介原作のアニメ。異次元歴史ロマン。一九八九年

❹ れんれんふうじん
幼馴染みの男女の青春。侯孝賢監督。一九八七年

❺ ふようちん
中国の文化大革命が主題。謝晋監督。一九八七年

❻ しらぬいけんぎょう
勝新太郎と中村玉緒が共演。森一生監督。一九六〇年

❼ はおうべっき
激動の時代と京劇の世界を描く。陳凱歌監督。一九九三年

❽ おろち
阪東妻三郎主演の時代劇。無声映画時代の傑作。一九二五年

❾ ひぼたんばくと
藤純子、高倉健主演のやくざ映画。一九六八年

❿ ばくろういちだい
暴れん坊馬喰の父性愛。三船敏郎、京マチ子主演。一九五一年

◉漢字一字の日本映画

小説にしろ何にしろ、題名をつけるのはむずかしい。内容にぴったりかない、しかも聴覚的にも視覚的にもインパクトがないといけない。とくに映画のタイトルは興行成績に直結するだけに、思案のしどころである。

ショーン・コネリー主演の007シリーズで、「危機一発」というのがあった。原題の翻訳である「ロシアより愛をこめて」も使われたが、「危機一発」のほうがインパクトが強い。危機一髪をもじるという遊び心まである。

漢字一字の題名は、四字熟語ほど強烈なインパクトはないかもしれないが、視覚的に印象が強いのは確かであろう。邦画にはこんなのがあった。

卍…谷崎潤一郎の原作を増村保造(やすぞう)が監督、若尾文子(あやこ)が主演。一九六四年。

欲…五所平之助監督、伴淳三郎、森繁久彌らが出演。一九五八年。

愛…井上靖の原作を若杉光男が監督。木村功、有馬稲子らが出演。一九五四年。

乱…黒澤明監督、仲代達矢、寺尾聰(あきら)らが出演。一九八五年。

侍…岡本喜八(きはち)監督、三船敏郎主演。一九六五年。

噓…吉村公三郎、増村保造らが監督したオムニバス映画。一九六三年。

涙…川頭義郎監督、若尾文子、佐田啓二らが出演。一九五六年。

妹…藤田敏八(としや)監督。秋吉久美子、林隆三が主演。一九七四年。

●漢字一字の洋画

洋画にも漢字一字で翻訳された作品がある。

道…フェデリコ・フェリーニ監督、アンソニー・クイン演じる大道芸人の悲恋。

掟…ジーナ・ロロブリジーダ、イヴ・モンタンが出演したイタリア映画。

鍵…ウィリアム・ホールデン、ソフィア・ローレンが出演。イギリス映画。

罠(わな)…ロバート・ライアンが演じるボクサーの物語。アメリカ映画。

動物名一字のタイトルもある。内容を容易に想像させる。ヒッチコックの「鳥」は全編鳥だらけのスリラーで、何ともインパクトのあるタイトルである。

漢字二字だと熟語になるが、これもインパクトは強い。原題とは離れて、二字の漢字熟語にしたのがけっこうあり、日本人にはこんな題名がハートに訴える。

慕情…ジェニファー・ジョーンズ、ウィリアム・ホールデン主演の恋愛ドラマ。

原題は"Love Is a Many-Splendored Thing"(恋とは素晴らしきもの)。

望郷…一九三七年の古いフランス映画。原題はペペ・ル・モコ(主人公の名前)。

旅情…キャサリン・ヘップバーン主演。原題は"Summertime"。いまなら文句なしに「サマータイム」と訳すところだろうが、「旅情」とは大きく印象が違う。

【日本地名】

初級編 まずは、小手調べ

❶ 敦賀

❷ 知床岬

❸ 琴平

❹ 弘前

❺ 御殿場

❻ 修善寺

❼ 浪花

❽ 羅臼

❾ 小豆島

❿ 観音寺

中級編 ちょっとむずかしい！

❶ 臼杵

❷ 胆沢

❸ 月寒

❹ 更埴

❺ 米子

❻ 川内

❼ 強羅

❽ 下呂

❾ 城崎

❿ 郡上八幡

⬅ 答えは次のページ

1. **つるが** 福井県の市。日本海に臨む港湾都市
2. **しれとこみさき** オホーツク海に突き出た半島の先端
3. **ことひら** 香川県の町。金毘羅信仰の中心である金刀比羅宮がある
4. **ひろさき** 青森県の市。ねぶた祭が有名
5. **ごてんば** 静岡県の市。避暑・保養地として有名
6. **しゅぜんじ** 静岡県伊豆市にある温泉地。曹洞宗の修禅寺がある
7. **なにわ** 大阪の古名。難波・浪速とも書く
8. **らうす** 北海道の知床半島にある町
9. **しょうどしま** 瀬戸内海の島。香川県
10. **かんおんじ** 香川県の市。空海が建てたという観音寺がある

---

1. **うすき** 大分県の市。臼杵磨崖仏がある
2. **いさわ** 岩手県南西部にある町（現・奥州市）
3. **つきさむ** 札幌市の地区の名。戦前、陸軍の司令部があった
4. **こうしょく** 長野県の市（現・千曲市）。田毎の月で有名
5. **よなご** 鳥取県の市。皆生温泉が有名
6. **せんだい** 鹿児島県の市（現・薩摩川内市）。薩摩国分寺跡がある。
7. **ごうら** 神奈川県箱根町の温泉郷
8. **げろ** 岐阜県の市。温泉が有名
9. **きのさき** 兵庫県にある温泉町。平安時代以前から知られる
10. **ぐじょうはちまん** 岐阜県郡上市八幡町。郡上踊りで有名

上級編 さらに手ごわい！

❶ 馬籠
❷ 寒河江
❸ 八幡平
❹ 飫肥
❺ 糸魚川
❻ 英虞湾
❼ 石廊崎
❽ 宍道湖
❾ 碓氷峠
❿ 四万十川

難読編 いよいよ超難問！

❶ 大歩危
❷ 能取湖
❸ 象潟
❹ 九頭竜川
❺ 池鯉鮒
❻ 潮来
❼ 指宿
❽ 弟子屈
❾ 西表
❿ 今帰仁

← 答えは次のページ

❶ **まごめ**
旧中山道（なかせんどう）の宿場町で、いまの中津川市に属する。島崎藤村の生地

❷ **さがえ**
山形県の市。サクランボを栽培

❸ **はちまんたい**
岩手県と秋田県の境にある火山

❹ **おび**
宮崎県日南市の地区。飫肥藩があった

❺ **いといがわ**
新潟県の市。翡翠（ひすい）の産地

❻ **あごわん**
三重県の志摩半島にある湾。真珠の養殖が盛ん

❼ **いろうざき**
静岡県の伊豆半島にある岬

❽ **しんじこ**
島根県松江市にある汽水湖

❾ **うすいとうげ**
群馬県と長野県の境にある峠

❿ **しまんとがわ**
高知県を流れる川。清流で有名

---

❶ **おおぼけ**
徳島県の吉野川にある峡谷。小歩危（こぼけ）とともに景勝を誇る

❷ **のとろこ**
北海道網走市にある潟湖（せきこ）

❸ **きさかた**
秋田県の町（現・にかほ市）。昔、潟湖があった

❹ **くずりゅうがわ**
福井県を流れる川

❺ **ちりゅう**
旧東海道の宿場町。現・愛知県知立（ちりゅう）市

❻ **いたこ**
茨城県の市。水郷で有名

❼ **いぶすき**
鹿児島県の市。砂蒸し風呂で有名

❽ **てしかが**
北海道の釧路川上流の町。屈斜路湖、摩周湖がある

❾ **いりおもて**
沖縄県にある島。イリオモテヤマネコの棲息（せいそく）地

❿ **なきじん**
沖縄県の村。琉球国の城跡がある

◉スイッチ読みとは？

現在の都道府県は明治の一時期につけられた名称で、それ以前は違っていた。多くの旧国名があったが、これらは完全に死んだわけではなく、まだ生きている。たとえば、薩摩は薩摩焼、土佐(とさ)は土佐犬、讃岐(さぬき)は讃岐饂飩(うどん)といった具合だ。

鉄道や道路など、新しい名称が必要になるときも生き返ることがある。高速自動車道という最も新しい名前に古い地名が使われたりする。東京の入口（埼玉県三郷市）から茨城県を経て福島県いわき市にいたる高速自動車道は、常磐(じょうばん)自動車道と名づけられた。常は常陸(ひたち)、磐は磐城(いわき)からとられている。これは常磐線に倣(なら)ったものだろう。

読み方の一つの特徴として、スイッチ読みがある。これは筆者の命名で、漢字の音読みと訓読みを入れ換える読み方である。漢字は音読みのほかに、たいてい訓読みをもつ。音と訓を自在に入れ換えて読んでしまう。これは日本語のおもしろい特徴の一つだ。たとえば、川端康成(やすなり)をコウセイと読んでもおかしく感じない。

◉スイッチ読みの例

鉄道の名前のつけ方には、スイッチ読みが多く使われている。例をあげてみよう。

両毛(りょうもう)線……群馬県の新前橋駅と栃木県の小山駅を結ぶＪＲ東日本の路線。群馬県の旧国名は上野、栃木県は下野で、さらに古くは上毛野、下毛野であった。この毛が読みを変えてモウ、二つの毛で両毛となった。

上越線……上越市からとられたと勘違いしている人もいるかもしれないが、じつは上は上野、越は越後である。群馬県の高崎駅と新潟県の宮内駅（長岡市）を結ぶ路線である。越はエチからエツにスイッチ読みする。

総武本線…東京駅と千葉県の銚子駅を結ぶ。銚子は下総、東京は武蔵に属していた。武蔵は、埼玉県と神奈川県の一部まで含む面積の広い国であった。

東上線……東から上がっていくから東上線ではない。現在は東京の池袋駅から埼玉県の寄居駅までしか走っていないが、もともと群馬県（上野国）まで延びる予定だったので、この名前がついた。旧国名の変遷は複雑だが、鉄道の名前を考案するためにはその歴史も知らなくてはならない。

播但線……播磨と但馬を合わせたスイッチ読み。兵庫県の姫路駅と和田山駅を結ぶJR西日本の路線。和田山は但馬の国に属していた。

伯備線……岡山県の倉敷駅と鳥取県の伯耆大山駅を結ぶ。備は備中だが、本来の「ビ」にスイッチ読み、伯は伯耆のホウのスイッチ読み。

日豊本線…福岡県の小倉駅から鹿児島駅にいたるJR九州の路線。日は日向、豊は豊前・豊後で、始発点と通過点を示し、終点を示す指標はない。

【外国地名】

初級編 まずは、小手調べ

❾	❼	❺	❸	❶
羅馬	越南	伊太利	独逸	印度
❿	❽	❻	❹	❷
倫敦	巴里	英吉利	仏蘭西	和蘭

中級編 ちょっとむずかしい！

❾	❼	❺	❸	❶
澳太利	伯林	比律賓	欧羅巴	紐育
❿	❽	❻	❹	❷
葡萄牙	聖林	瑞典	玖馬	洪牙利

← 答えは次のページ

❶ **インド**
昔は天竺(てんじく)といった

❷ **オランダ**
ポルトガル語Holandaの音訳。中国では荷蘭

❸ **ドイツ**
Deutsch（ドイチュ）がなまって独逸と当て字。中国では徳意志

❹ **フランス**
フランク（王国）が仏郎機と訳されたことから。中国では法国

❺ **イタリア**
英語風に読むとイタリー。中国では意大利

❻ **イギリス**
英をイと読むのは変だが、ポルトガル語Inglezを英（中国語音はying）に当てた

❼ **ベトナム**
越南をベトナム漢字音で読むとこうなる。当て字ではない

❽ **パリ**
巴は日本語読みではハだが、中国語読みだとba（パ）

❾ **ローマ**
中国語読みでLuoma（ルオマ）。羅馬尼亜だとルーマニア

❿ **ロンドン**
中国語読みはLundunで、ロンドンに近い

❶ **ニューヨーク**
紐は中国語ではniu。育は古音（または日本語読み）のイクを利用

❷ **ハンガリー**
Hungaryのhunを洪（中国語読みはhong）に当てた。中国語では匈牙利

❸ **ヨーロッパ**
ポルトガル語Europaが、中国でこのように音訳された

❹ **キューバ**
玖馬（玖瑪とも）にしたのは、久馬だと人名にありそうだからか

❺ **フィリピン**
フィの発音がむずかしいので比（ヒ）の音に訳した

❻ **スウェーデン**
瑞(ずい)の漢音スイを利用した当て字

❼ **ベルリン**
伯をベルと読むのはBerlinの英語読み（バーリン）が伯林の中国語読み（bolin）と近いからだろう

❽ **ハリウッド**
Hollywoodの意訳。holly（木の名）をholy（聖なる）とまちがえた

❾ **オーストラリア**
濠太剌利とも書いた。いまでは豪州。なお、オーストリアは墺地利

❿ **ポルトガル**
葡萄は中国語読みではputao（プータオ）

上級編 さらに手ごわい！

❶ 秘露	❸ 布哇	❺ 希臘	❼ 費府	❾ 東埔寨
❷ 芬蘭	❹ 西貢	❻ 諾威	❽ 漢堡	❿ 桑港

難読編 いよいよ超難問！

❶ 聖路易	❸ 里昂	❺ 維納	❼ 以色列	❾ 彼得堡
❷ 埃及	❹ 丁抹	❻ 錫蘭	❽ 勃牙利	❿ 咬嚼吧

← 答えは次のページ

❶ **ペルー** 中国では秘魯と書き、bilu（ピールー）と読む

❷ **フィンランド** 芬の中国語読み（fen）がフィンに近い。landは蘭と訳す

❸ **ハワイ** 布哇を音で読むとフアイ。Hawaiiに近い

❹ **サイゴン** ホーチミン市の旧名。ホーチミン（胡志明）はベトナム解放の英雄

❺ **ギリシア** 音は似ていないが、Hellas（ギリシアの古名）の音訳

❻ **ノルウェー** 中国語読みはnuowei。中国では挪威と書く

❼ **フィラデルフィア** 前のフィを費に、後のフィを府に当てた

❽ **ハンブルク** 漢は中国語読みでhan。堡はbao、とりでの意で音意両訳

❾ **カンボジア** 寨（音はサイ）には「とりで」の意味もある

❿ **サンフランシスコ** 桑は中国語読みでsang。港はコの音もかすかに反映

---

❶ **セントルイス** 聖はsaintの音意両訳。路易は中国語読みでlui

❷ **エジプト** 中国語読みはAiji。エジプトのエジだけを音訳

❸ **リヨン** フランスの市名。中国語読みではLiangとなる

❹ **デンマーク** 丁の中国語読みはding。中国では丹麦がデンマーク

❺ **ウィーン** 英語Vienna（ヴィエンナ）の音訳。中国語では維也納（Weiyena）。

❻ **セイロン** スリランカの旧称。中国語読みではXilan（シーラン）

❼ **イスラエル** 中国語読みではYiselie。なんとなくイスラエルに聞こえる

❽ **ブルガリア** 音で読むとなんとなくわかる。中国語では保加利亜

❾ **ペテルブルク** 正式にはサンクトペテルブルク。彼得の中国語読みはbide（ピーター）

❿ **ジャガタラ** インドネシアの首都ジャカルタの古称

●日中で違う外国地名漢字

外国の地名を漢字で表記するのは、中国では当然のことである。なにしろ仮名のような表音文字がないからである。現在もピンインという記号（アルファベットを利用）はあるものの、正式な表記は漢字に変わりはない。

日本では、実詞（じっし）（物事を表す言葉）は漢字書き、虚詞（きょし）（文法上の言葉）は仮名書きと、だいたい決まっていたから、外国地名もわざわざ漢字を当てた。

それの対処に二通りある。すでにあった中国の漢字表記を利用するか、または独自につくるかである。前者の場合はいまも日中共通だが、後者の場合は食い違いがある。食い違いを知っておくのも必要なことだろうから、以下に紹介しよう（上は日本、下は中国）。

漢字一字でも略記されるものとして――

フランス　仏／法
ドイツ　独／徳
イタリア　伊／意
ロシア　魯（露）／俄
アメリカ　米／美

オーストラリア　　豪／澳
フィリピン　　　比／菲

ほかに、こんな食い違いがある。

スイス　　　瑞西／瑞士
ベルギー　　白耳義／比利時
ブラジル　　伯剌西爾／巴西
キューバ　　玖馬／古巴
トルコ　　　土耳古／土耳其
ニューヨーク　紐育／紐約
シカゴ　　　市俄古／芝加哥
パリ　　　　巴里／巴黎
ベルリン　　伯林／柏林
ジュネーブ　寿府／日内瓦

これらの外国地名漢字は、日本では一部を除いて使命を終えているが、中国ではまだ現役ばりばりである。これも日中の大きな違いといえる。

【天気】

初級編　まずは、小手調べ

1. 竜巻
2. 時雨
3. 霞
4. 夕立
5. 吹雪
6. 陽炎
7. 春一番
8. 曇天
9. 五月雨
10. 牡丹雪

中級編　ちょっとむずかしい！

1. 霧雨
2. 風花
3. 野分
4. 群雲
5. 青嵐
6. 菜種梅雨
7. 薫風
8. 村雨
9. 靄
10. 秋霖

← 答えは次のページ

❶ **たつまき**
地上のものを巻き上げる旋風

❷ **しぐれ**
秋から冬にかけて降ったり止んだりする雨

❸ **かすみ**
細かい水滴が立ちこめる現象

❹ **ゆうだち**
夏の夕方、激しく降る雨

❺ **ふぶき**
風に吹かれて乱れ降る雪

❻ **かげろう**
春や夏に地上からゆらゆらと気が立ち上る現象

❼ **はるいちばん**
立春後、はじめて吹く強い南風

❽ **どんてん**
くもり空

❾ **さみだれ**
梅雨の別名

❿ **ぼたんゆき**
雪片が牡丹のように降る雪

---

❶ **きりさめ**
霧のように細かい雨

❷ **かざはな・かざばな**
風に吹かれて飛んでくる雪

❸ **のわき**
秋のころに吹く暴風

❹ **むらくも**
群がり集まっている雲

❺ **あおあらし**
青葉のころに吹く強風。「せいらん」は別語（本来の漢語）

❻ **なたねづゆ**
菜の花が咲くころに降る長雨

❼ **くんぷう**
初夏に吹く風

❽ **むらさめ**
ひとしきり降って止む雨

❾ **もや**
薄い霧

❿ **しゅうりん**
秋の長雨

上級編 さらに手ごわい！

1. 凩
2. 小糠雨
3. 雹
4. 風台風
5. 霙
6. 旋風
7. 驟雨
8. 霧氷
9. 麦雨
10. 鯖雲

難読編 いよいよ超難問！

1. 狭霧
2. 氷雨
3. 朧雲
4. 氷柱
5. 颶風
6. 筑波颪
7. 卯の花腐し
8. 虎落笛
9. 細雪
10. 白南風

← 答えは次のページ

❶ **こがらし** 秋の終わりから冬にかけて吹く風

❷ **こぬかあめ** 細かい雨

❸ **ひょう** あられより大粒のもの

❹ **かぜたいふう** 風の被害の大きい台風

❺ **みぞれ** 雪が溶けて雨混じりに降るもの

❻ **つむじかぜ・せんぷう** 渦を巻いて吹く風

❼ **しゅうう** にわか雨

❽ **むひょう** 霧が木の枝などに凍りついてできる氷粒

❾ **ばくう** 麦の実るころに降る雨

❿ **さばぐも** 巻積雲の別名。鰯雲、うろこ雲ともいう

❶ **さぎり** 霧と同じ。「さ」は接頭語

❷ **ひさめ** 冷たい雨

❸ **おぼろぐも** 高層雲の別名

❹ **つらら** 水滴が凍って垂れたもの

❺ **ぐふう** 非常に強い風。または台風のこと

❻ **つくばおろし** 筑波山から吹き下ろす風

❼ **うのはなくだし** 陰暦四月に降る長雨

❽ **もがりぶえ** 笛のように鳴る風の音

❾ **ささめゆき** 細かに降る雪

❿ **しらはえ** 梅雨明けのころ吹く南風

●風の字源・語源は？

風という字は小学校二年で習うが、よく見るとむずかしい形をしている。どんな形か。「凡＋虫」と分析する。凡は音とイメージを示す記号になっている。凡はかぜのビュウビュウという音声を暗示しているが、なぜ、こんな記号を使ったかの理由は別にある。それは凡が帆の象形文字で、帆は風を孕むものだからである。

次に、なぜ、虫なのか。生物の発生はかぜと関係があると、古代人が考えていたからである。また、かぜを起こすものは「おおとり」であるとされた信仰とも関係がある。その鳥を鳳という。なるほど、虫を鳥に代えると鳳になる。風と鳳の発音も、もとは同じであった。

鳳凰は空想上の鳥だが、大昔は風の神であったらしい。鳳は「凡＋鳥」だが、凰は「凡」の「丶」がない。皇の「丿」とダブるため、省略したのだ。日本人はそれを知らず、「風」の本体を「几」と考え、こがらしを表すために「几＋木」を合わせた「凩」を考案した。これを国字（日本製漢字）という。凧や凪も同様にして生まれた。

●にじには二つある

にじに二つあるのをご存じだろうか。主虹と副虹である。にじが二つ重なるようにして現れる現象があり、明るいほうを主虹、やや暗いほうを副虹という。中国人は種類の違うにじだと考え、二つの言葉で表し、二つの漢字をつくった。虹と蜺（＝霓）である。工はつらぬくというイメージを示す記号で、にじは天空をつらぬく姿を呈するので、「虫＋工」で虹と書いた。

なぜ、虫へんがつくのか。にじは生物の一種だと考えられたからである。中国人は主虹を雄と見なして虹と称し、副虹を雌と見なして蜺と称した。兒は小さいというイメージを示す記号である。鯨の雄を鯨、雌を鯢というのと似ている。

●四つのかげろうとは？

陽炎は大気の現象だが、ほかにもかげろうと呼ばれるものがある。春の麗らかな日などに空中をゆらゆらと動くものがあり、これもかげろうといった。別名は糸遊である。これは蜘蛛が空中を集団で移動する現象である。

昆虫の名にも、かげろうがある。一つはトンボの古名で、漢字では蜻蛉と書いて、かげろうと読ませる。蜻蛉は普通はとんぼと読む。もう一つは蜉蝣と書く虫がいる。川の上などでゆらゆらと飛び回る虫で、飛び終わったら川に落ちて浮かんで死ぬと考えられ、浮遊を語源とする蜉蝣（かげろう）の名が生まれた。命のはかないものにたとえられる。四つのかげろうは、ゆらゆらと動くという共通点があった。

【食べ物】

初級編　まずは、小手調べ

❾	❼	❺	❸	❶
半熟卵	共酢	豚骨	天丼	鮨
❿	❽	❻	❹	❷
精進料理	竹輪	屠蘇	納豆	点心

中級編　ちょっとむずかしい！

❾	❼	❺	❸	❶
佃煮	雑炊	馬刺	雲丹	酒盗
❿	❽	❻	❹	❷
重湯	生蕎麦	伊達巻	天麩羅	時雨煮

← 答えは次のページ

❶ **すし**
日本料理の一つ。寿司、鮓とも書く

❷ **てんしん**
中国料理の軽い食べ物

❸ **てんどん**
てんぷらをのせた丼料理

❹ **なっとう**
大豆を発酵させた食品。生産日本一は茨城県水戸市

❺ **とんこつ**
豚の骨つき肉を煮込んだ料理

❻ **とそ**
正月に邪気を祓（はら）うために飲む薬酒

❼ **ともず**
鮟鱇（あんこう）料理に使われる酢

❽ **ちくわ**
魚肉のすり身からつくった食品

❾ **はんじゅくたまご**
完全に固まらない程度にゆでた卵

❿ **しょうじんりょうり**
魚・肉を用いない料理

❶ **しゅとう**
カツオの腸（わた）の塩辛

❷ **しぐれに**
はまぐりなどの佃煮

❸ **うに**
ウニの卵巣を練った食品

❹ **てんぷら**
魚などを小麦粉でくるんで油で揚げた料理

❺ **ばさし**
馬肉の刺身。熊本県が有名

❻ **だてまき**
魚肉のすり身を卵黄に混ぜて焼き、すだれ巻きにした食品

❼ **ぞうすい**
野菜などを入れて炊き込んだ粥（かゆ）。おじや

❽ **きそば**
蕎麦粉だけでつくった蕎麦

❾ **つくだに**
魚介を醤油などで煮詰めた食品

❿ **おもゆ**
水分の多い粥の上澄み

上級編　さらに手ごわい！

❶ 出汁
❷ 苦汁
❸ 黄粉
❹ 雁擬
❺ 米酢
❻ 雲呑
❼ 膾
❽ 皿鉢料理
❾ 鰑
❿ 麺麭

難読編　いよいよ超難問！

❶ 巻繊
❷ 皮蛋
❸ 強肴
❹ 卓袱料理
❺ 心太
❻ 豆苗
❼ 米粉
❽ 豆瓣醤
❾ 腐乳
❿ 餺飥

← 答えは次のページ

❶ **だし**
カツオやコンブを煮出した汁

❷ **にがり**
海水から製し、豆腐を固めるための液

❸ **きなこ**
大豆を炒って碾いた粉

❹ **がんもどき**
豆腐に野菜類を混ぜ、油で揚げた食品

❺ **よねず**
米からつくった酢

❻ **ワンタン**
挽き肉を小麦粉の皮で包んだ中華食品

❼ **なます**
魚などを細かく切って酢で和えた食品

❽ **さわちりょうり**
大皿に刺身や鮨を盛りつけた高知県の郷土料理

❾ **するめ**
イカを乾した食品

❿ **パン**
小麦粉を原料とする食品

---

❶ **けんちん**
いためた豆腐・大根などを具とした澄まし汁。神奈川県鎌倉市の郷土料理

❷ **ピータン**
アヒルの卵を灰などに漬けた中華食品

❸ **しいざかな**
懐石料理で出す酒の肴

❹ **しっぽくりょうり**
大きな器に盛る長崎県の郷土料理

❺ **ところてん**
テングサを煮て固めた食品

❻ **トウミヤオ**
エンドウの若芽。トーミヤオともいう

❼ **ビーフン**
米の粉でつくった麺

❽ **トウパンチアン**
ソラマメの味噌に唐辛子を加えた調味料。トーバンジャンとも

❾ **フールー**
豆腐を発酵させてつくった中華食品

❿ **ほうとう**
うどんと野菜を煮込んだ山梨県の郷土料理

●屠蘇の語源は？

お屠蘇気分というと、正月に酒に酔ったよい気分のことである。元旦に屠蘇を飲む風習があった。屠蘇とは、屠蘇散という薬を浸した薬用酒のことである。屠蘇酒を飲む風習は、中国の南北朝時代、六世紀ごろの本（『荊楚歳時記』）に出ている。

正月の行事には邪気を祓って長寿を願うという意味合いのものが多い。若水は元旦に汲んだ最初の水で、これを飲むと邪気を除き、長生きができるとされる。中国から伝わった屠蘇は、格好の正月行事となった。

屠蘇に入れる生薬は、肉桂、山椒、白朮、防風、桔梗、小豆、陳皮（蜜柑の皮）の七種類である。これらを総合した薬効が人を元気にするのであろう。

屠蘇という言葉は畳韻語（語尾に同じ響きをもつ熟語）で、もとは草の名を表す固有名詞らしい。文字面から見ると、屠は屠る、蘇は蘇るという意味があり、死んだものが蘇ると解釈できることから、長寿を願う薬や酒の名になったと思われる。

●スルメは鯣か、鰑か？

「てれすこ」という落語がある。珍しい魚が獲れ、領主が懸賞を出して名を問う。ある村人が、「てれすこと申します」と言って賞金をせしめる。疑った領主は、その魚を干物にし、また魚が獲れたと偽って懸賞を出す。同じ村人が「すてれんきょと申します」と言うと、領主は怒って死罪を申し渡す。村人はわが子に、「イカを乾(ほ)したのをスルメと言うな」と遺言する。意味を悟った領主は、やっと村人を釈放する。

こんな落語である。日本語では、イカを乾すとスルメと名を変える。中国語にはない。だから、日本人はわざわざスルメに国字をつくった（すでにあった別の字を利用するので国訓というべきかもしれない）。鰑と鯣である。どちらがスルメにふさわしいか。

易は変易・不易の易で、変わるという意味がある。名を変えるから、「魚＋易」でスルメかと納得できる。一方、昜は揚や湯に含まれ、「あがる、あげる」というイメージがある。油で揚げるわけではないが、干物にするから水分は蒸発する。だから、「魚＋昜」でスルメというのもなんとなくわかる。しかし、鰑にはかなわない。

●空揚か、唐揚か？

雑誌や料理本を見ると、ほとんど唐揚(からあげ)とある。空手(からて)を唐手と書くこともあるから、どちらでもよさそうに見える。しかし、空揚(からあげ)はべつに中国の料理とは関係がない。衣をつけずに油で揚げるから空揚というのである。だから、空揚でないとおかしい。ちなみに、空手は、武器をもたずに素手(すで)だけで戦うから、空手という。沖縄古来の武術だが、中国武術の影響があるので、唐手と書くのもあながちまちがいではない。

【和菓子】

初級編 まずは、小手調べ

⑨	⑦	⑤	③	①
汁粉	団子	柏餅	桜餅	お萩
⑩	⑧	⑥	④	②
甘納豆	栗餡	煎餅	甘栗	飴

中級編 ちょっとむずかしい！

⑨	⑦	⑤	③	①
葛餅	安倍川餅	大福餅	粽	霰
⑩	⑧	⑥	④	②
羊羹	最中	金団	月餅	牡丹餅

← 答えは次のページ

❶ **おはぎ**
糯米に粳を混ぜ、餡などでくるんだ餅

❷ **あめ**
甘く粘り気のある食品

❸ **さくらもち**
桜の葉でくるんだ餅

❹ **あまぐり**
甘味をつけた栗

❺ **かしわもち**
柏の葉で包んだ餅

❻ **せんべい**
米の粉を薄く伸ばして焼いた菓子

❼ **だんご**
米などの粉をこねてまるめた食品

❽ **くりあん**
栗でつくった白餡

❾ **しるこ**
餡の汁に白玉を入れたもの

❿ **あまなっとう**
豆類を煮詰め、砂糖をまぶした菓子

---

❶ **あられ**
賽の目に切った餅

❷ **ぼたもち**
餡などでくるんだ餅。おはぎとも

❸ **ちまき**
米の粉を竹の葉で巻いて蒸した餅

❹ **げっぺい**
中国風の円形の菓子

❺ **だいふくもち**
餅に餡を包み入れた菓子

❻ **きんとん**
さつまいもなどを煮て栗などを入れた食品

❼ **あべかわもち**
焼いた餅を湯に入れ、黄粉をまぶした菓子

❽ **もなか**
餡を糯米の皮で包んだ菓子

❾ **くずもち**
葛粉を煮て固めた菓子

❿ **ようかん**
餡に寒天などを加えて固めた菓子

上級編 さらに手ごわい!

❶ 酒饅頭
❷ 花林糖
❸ 落雁
❹ 五平餅
❺ 善哉
❻ 銅鑼焼
❼ 吉備団子
❽ 柚餅子
❾ 千歳飴
❿ 金米糖

難読編 いよいよ超難問!

❶ 金鍔
❷ 藷蕷饅頭
❸ 香煎
❹ 白雪糕
❺ 軽羹
❻ 金楚糕
❼ 外郎
❽ 飛竜頭
❾ 求肥
❿ 粟粔籹

← 答えは次のページ

❶ **さかまんじゅう** 皮に酒を混ぜて蒸した饅頭
❷ **かりんとう** 油で揚げて黒砂糖をまぶした菓子
❸ **らくがん** 穀類の粉に砂糖を加えて固めた菓子
❹ **ごへいもち** 串に刺した団子の餅
❺ **ぜんざい** つぶし餡の汁粉
❻ **どらやき** 丸い二枚の皮のあいだに餡をはさんだ焼き菓子
❼ **きびだんご** キビの粉でつくった団子
❽ **ゆべし** 米の粉に味噌（みそ）や柚子などを加えて蒸した菓子
❾ **ちとせあめ** 七五三の祝いに用いる紅白のさらし飴
❿ **コンペイトー** 周囲に突起のある南蛮菓子

❶ **きんつば** 鍔（つば）の形に焼いた菓子
❷ **じょうよまんじゅう** ヤマノイモを原料とする饅頭
❸ **こうせん** 米や麦を炒って香味料を加えた食品
❹ **はくせつこう・はくせっこう** 米の粉に白砂糖を加えて型に入れた菓子
❺ **かるかん** ヤマノイモを原料とする蒸し菓子
❻ **ちんすこう** 小麦粉、砂糖、ラードでつくる沖縄県の焼き菓子
❼ **ういろう** 米の粉に黒砂糖を加えた蒸し菓子
❽ **ひりょうず** 米の粉を油で揚げた食品
❾ **ぎゅうひ** 白玉粉で製した蒸し菓子
❿ **あわおこし** 糯米を蒸して蜜で固めた菓子

◉饅頭の起源は？

昔の中国の本に、こんな饅頭由来譚が記されている。三国時代、蜀の建国に功績のあった諸葛亮（字は孔明）は、国家安定のために、南方の異民族を懐柔しようと出兵する。南方に一大勢力を築いていたのは孟獲というボスであった。結果的には、七縦七擒（七たび捕まえてそのたび許す）という奇策を用いて手懐けに成功する。

その過程で、南方の奇習に遭遇する。川の神を祭るために人の頭を川に放り込むというのである。孔明は野蛮な風習を改めようと、羊の肉を皮で包んで人の頭にかたどり、これを川の神に捧げた。こうして無事に川を渡ることができた。

この故事から、豚肉などを皮で包んだ食品が生まれ、饅頭（頭をジュウと読むのは日本に伝わった近世中国語音で、宋音という）と称した。饅頭は蛮頭（蛮人の頭）にちなんだものだという。一説では、饅頭は、はじめ曼頭といった。曼はきめが細かいという意味があり、しかも形が丸いので、曼頭と呼んだという。

物の起源を有名人にまつわる話にするのは、どこでも好まれることらしい。

◉羊羹の語源は？

物の名前は、奇抜な発想から生まれることがある。羊羹というのは、字のとおり、本来は羊を煮込んだスープのことであった（羹の訓読みは「あつもの」）。『戦国策』という本に、こんな話が出ている。諸侯が催した宴会で羊羹が出たが、一人の家臣だけそれにあずかれなかった。その人は怒って退席し、とうとう他国へ亡命してしまった。

これと似た「食指動く」という故事成語もある。この場合は羊ではなくスッポンのあつものだが、これをご馳走してもらえなかった人が反乱を起こすという話。食い物の恨みは恐ろしいということだ。

羹（こう）は「羔（子ひつじ）＋美（うまい）」の組み合わせである。美という字も「羊＋大」で、羊を含む。古代中国では、羊は美味の代表とされたようだ。羊などの肉と野菜をよく煮込んだスープを羹といった。「羹（あつもの）に懲りて膾（なます）を吹く」という諺（ことわざ）がある。一度失敗すると、余計なことまで用心するたとえである。羹はよほど熱いスープだったらしい。

次は、日本の話になる。ある人が一つの菓子を発明した。羊の肝に似たものだったので、羊肝（ようかん）と名づけたらしい。しかし、どうもイメージが悪い。そこで、中国の本から羊羹という文字を拝借した（羹をカンと読ませるのは宋音である）。すると、爆発的に売れた、とは聞いていないが、名前が商品のイメージを左右するのは今も昔も変わらない。

【落語】

初級編　まずは、小手調べ

❶ 寿限無

❷ 笠碁

❸ 転宅

❹ 代脈

❺ 青菜

❻ 道具屋

❼ 死神

❽ 花見酒

❾ 片棒

❿ 小言幸兵衛

中級編　ちょっとむずかしい！

❶ 酢豆腐

❷ 三十石

❸ 花筏

❹ 二十四孝

❺ 浮世根問

❻ 二人旅

❼ 富久

❽ 素人鰻

❾ 孝行糖

❿ 湯屋番

← 答えは次のページ

❶ **じゅげむ**
生まれた子に長い名前をつけてもらう話。落語の定番

❷ **かさご**
喧嘩したあと仲直りする碁敵(ごがたき)の話

❸ **てんたく**
女にだまされる、まぬけな泥棒の話

❹ **だいみゃく**
師の代脈をする愚かな弟子の話

❺ **あおな**
菜の断り方をまねて失敗する話

❻ **どうぐや**
にわか道具屋で失敗する与太郎の話

❼ **しにがみ**
死神に金儲けを教わるが、欲をかいて寿命を縮めてしまう話

❽ **はなみざけ**
花見客相手に売る酒を自分で飲んでしまう飲んべえ二人の話

❾ **かたぼう**
身代を譲るとき、三人の子を試す話

❿ **こごとこうべえ**
部屋を借りにきた客にまで小言を言う家主の話

---

❶ **すどうふ**
きざな若旦那に腐った豆腐を食わせる話

❷ **さんじっこく**
京から下る船中での盗難事件の話

❸ **はないかだ**
病気の大関の代役をつとめることになる提灯屋の話

❹ **にじゅうしこう**
不孝者が中国の親孝行をまねる話

❺ **うきよねどい**
知ったかぶりの隠居を質問攻めで困らせる話

❻ **ににんたび**
のんきな二人の道中話

❼ **とみきゅう**
幇間(ほうかん)の久蔵が富籤(とみくじ)に当たる話

❽ **しろうとうなぎ**
士族が職人を雇って鰻屋を始める話

❾ **こうこうとう**
孝行者の与太郎が飴(あめ)売りを始める話

❿ **ゆやばん**
勘当された若旦那が番台に上る話

上級編 さらに手ごわい！

❶ 鰍沢
❷ 火焔太鼓
❸ 百川
❹ 蒟蒻問答
❺ 厩火事
❻ 御血脈
❼ 強情灸
❽ 唐茄子屋
❾ 転失気
❿ 真田小僧

難読編 いよいよ超難問！

❶ 妾馬
❷ 三枚起請
❸ 狸賽
❹ 金明竹
❺ 幇間腹
❻ 垂乳根
❼ 阿武松
❽ 竈幽霊
❾ 蛇含草
❿ 文七元結

← 答えは次のページ

❶ **かじかざわ**
山中の一軒家で毒酒を盛られる旅人の話

❷ **かえんだいこ**
損ばかりする道具屋が名器で儲ける話

❸ **ももかわ**
言葉の誤解で一騒動起こす奉公人の話

❹ **こんにゃくもんどう**
禅問答を挑む雲水を蒟蒻屋が退散させる話

❺ **うまやかじ**
ぐうたら亭主の本心を試す髪結(かみゆい)の女房の話

❻ **おけちみゃく**
善光寺の血脈の御印を石川五右衛門が盗む話

❼ **ごうじょうきゅう**
強情っ張りが灸をする話

❽ **とうなすや**
勘当された若旦那が唐茄子を売る話

❾ **てんしき**
知ったかぶりの和尚を小僧がやっつける話

❿ **さなだこぞう**
親を翻弄(ほんろう)する、ませた子供の話

❶ **めかうま**
妹が大名に見初(みそ)められ、出世する八五郎の話

❷ **さんまいきしょう**
男たちを手玉にとる遊女の話

❸ **たぬさい**
恩に報いるため博打のさいころに化ける狸の話

❹ **きんめいちく**
とんちんかんな伝言の取り次ぎをする与太郎話

❺ **たいこばら**
鍼(はり)に凝った若旦那が幇間(ほうかん)に試す話

❻ **たらちね**
ばか丁寧な言葉遣いをする八五郎の新婦の話

❼ **おうのまつ**
大飯食らいのため破門された力士が一念発起して横綱になる話

❽ **へっついゆうれい**
竈(かまど)から出る幽霊と博打をする話

❾ **じゃがんそう**
大食いの賭けで、蛇が用いる消化薬を使ったため失敗する話

❿ **ぶんしちもっとい**
気前よく金を貸した男の運が開ける人情話

◉平成の「三方一両損」

巧みな標語で民衆を操るのはナチスドイツ総統ヒトラーの十八番だったが、わが国の小泉純一郎元首相もなかなかの宣伝マンであった。「聖域なき改革」などの標語のほかに、「米百俵」や「三方一両損」といった古くさい故事成語を復活させた。

しかし、三方一両損の使い方は、どことなく変である。三方一両損は、「大岡政談」をネタにした落語である。粗筋(あらすじ)を述べると、左官の金太郎が三両入りの財布を拾い、持ち主に届ける。ところが、持ち主の大工、吉五郎は受け取るどころか、逆に相手をけなす。ここで双方の大家を巻き込んだ裁判沙汰になる。奉行の大岡越前守は江戸っ子の潔(いさぎよ)さを愛(め)でて、うまい解決をする。自分が一両出して四両とし、大工と左官に二両ずつ与える。これが三方一両損という裁きである。大工は三両もっていたところ二両返ったから一両損、左官は三両拾ったところ二両もらったから一両損、越前守はふところから一両出したから一両損というわけだ。

小泉元首相が使った三方一両損は、医療絡みである。高齢社会が進行し、医療費が大変だから減らそうというのが根本の発想だ。そのため、患者、保険者、医療機関の三者が痛みを分かち合いましょうと、それぞれ負担を引き上げることになった。

さて、ここで首を傾げる。落語の「三方一両損」は、よく考えてみると、越前守だけが一両損したといえる。損といっても気前のよい寄付のようなものだ。三方一両損といったのは、あくまで言葉の遊びにすぎない。だが、小泉元首相の場合、三者に負担を強いるものの、裁く側、つまりご当人（政府）は無傷である。だから、越前守のいう三方一両損とは中身がまるで違うのである。

●「饅頭怖い」は中国ネタ？

古典落語は、近世の笑い話の本（たとえば、『醒睡笑』など）からネタをとったものが多い。中国には『笑府』など多くの笑い話の本があり、江戸時代に輸入されて、これも落語のネタの一つになっている。「饅頭怖い」という、だれでも知っている落語があるが、なんとこれも中国の笑い話にあった。ただし、『五雑組』というマイナーな本で、よくここからネタを探したものだなと、逆に感心してしまう。

『五雑組』を見ると、こんな話だ。ある貧乏学生が、饅頭が食いたいが金がない。そこで、一計を思いつく。饅頭屋の店先でわざと倒れる。主人がどうしたかと尋ねる。「饅頭が怖いから」という。驚いた主人、学生を家に入れて寝かし、試しに饅頭を枕許に置く。すると、饅頭が一つもない。だまされたと怒った主人が、「ほんとうは何が怖いんだ」と問うと、「今度はお茶が怖い」と学生。

落語は細部をアレンジしただけで、この話とそっくりである。

【芸能】

初級編　まずは、小手調べ

❶ 謡
❷ 一幕物
❸ 奈落
❹ 檜舞台
❺ 大喜利
❻ 義太夫
❼ 楽屋
❽ 京劇
❾ 都々逸
❿ 浄瑠璃

中級編　ちょっとむずかしい！

❶ 黒衣
❷ 拍子木
❸ 船弁慶
❹ 能装束
❺ 寄席
❻ 薪能
❼ 真打
❽ 色敵
❾ 立役者
❿ 二人羽織

← 答えは次のページ

❶ **うたい**
能楽の歌う部分。謡曲

❷ **ひとまくもの**
一幕だけから成る演劇

❸ **ならく**
舞台の床下

❹ **ひのきぶたい**
檜でつくった舞台。晴れの舞台

❺ **おおぎり**
芝居や寄席での最後の出し物

❻ **ぎだゆう**
竹本義太夫が創始した浄瑠璃

❼ **がくや**
出演者の控え部屋

❽ **きょうげき**
中国の古典演劇

❾ **どどいつ**
七七七五の調子で歌う俗曲

❿ **じょうるり**
音曲をともなう語り物。義太夫の別名

❶ **くろご・くろこ**
役者の後見役

❷ **ひょうしぎ**
打ち合わせて鳴らす木の板

❸ **ふなべんけい**
観世信光作の能

❹ **のうしょうぞく**
能を演じるときに着る衣装

❺ **よせ**
落語や漫才などを演じる施設

❻ **たきぎのう**
野外で演じられる能

❼ **しんうち**
寄席などで最後に演じる技の優れた芸人

❽ **いろがたき**
外見は善人だが、じつは悪人という役柄

❾ **たてやくしゃ**
一座の中心となる役者

❿ **ににんばおり**
羽織に隠れた人と二人で仕種をする芸

上級編 さらに手ごわい！

❶ 名跡
❷ 柿落とし
❸ 梨園
❹ 成駒屋
❺ 小栗判官
❻ 三人吉三
❼ 勧進帳
❽ 囃子
❾ 道成寺
❿ 地唄舞

難読編 いよいよ超難問！

❶ 生世話
❷ 十六夜清心
❸ 間狂言
❹ 菅原伝授手習鑑
❺ 尉
❻ 三番叟
❼ 金春
❽ 妹背山婦女庭訓
❾ 傾城反魂香
❿ 伊勢音頭恋寝刃

← 答えは次のページ

❶ みょうせき
受け継がれてきた名字や家名

❷ こけらおとし
新しくできた劇場の初興行

❸ りえん
歌舞伎界

❹ なりこまや
歌舞伎俳優、中村歌右衛門と中村鴈治郎らの屋号

❺ おぐりはんがん
歌舞伎などに登場する伝説的人物

❻ さんにんきちさ
三人の吉三を主人公とする歌舞伎の通称

❼ かんじんちょう
歌舞伎十八番の一つ。源義経と弁慶が主人公

❽ はやし
芸能で雰囲気を高めるための音楽

❾ どうじょうじ
能や歌舞伎の出し物の一つ

❿ じうたまい
地唄を伴奏とする舞

❶ きぜわ
歌舞伎で世情や事件などをもとにした脚本

❷ いざよいせいしん
歌舞伎の外題

❸ あいきょうげん
能のなかで狂言師が演じる部分

❹ すがわらでんじゅてならいかがみ
人形浄瑠璃および歌舞伎の外題

❺ じょう
能の「翁」で使う面

❻ さんばそう
能の「翁」の役の一つ

❼ こんぱる
能の流派の一つ

❽ いもせやまおんなていきん
人形浄瑠璃および歌舞伎の外題

❾ けいせいはんごんこう
人形浄瑠璃および歌舞伎の外題

❿ いせおんどこいのねたば
歌舞伎の外題

●梨園はナシの園？

歌舞伎界のことを梨園といっているが、ナシの園がなぜ歌舞伎と関係があるのか。
唐の六代目の天子は玄宗で、帝国の最盛期に君臨した。彼は芸術の愛好家であり、自分で作曲もした。音楽には舞踊がつきものである。天子のハーレムには三〇〇〇人の女性たちが暮らしていたが、そのなかから選抜して音楽と舞踊の専門家を育てようと考えた。そこで、学校をこしらえることにした。女性を宮廷の外に出すわけにはいかないので、禁園（宮中の庭）のなかで教習が行なわれた。その場所がナシを栽培する園、つまり梨園であった。

以上のような故事が日本にも伝わって、歌舞をする所、要するに歌舞伎界を梨園と称したのである。ちなみに、歌舞伎という言葉も中国にある。文字どおり、歌舞をする女性という意味である。ただし、日本語のかぶきは「傾き」からきており、異様な風体をして注目をあびることを「かぶき」といい、そのようなパフォーマンスをする人を「かぶきもの」といった。

●傾城の由来は？

歌舞伎や人形浄瑠璃の外題には変わったものが多い。妹背山婦女庭訓や伊勢音頭恋寝刃など、教えてもらわないかぎり、正しく読めそうもない。傾城反魂香はまともなほうである。

傾城も反魂香も、古代の中国にあった言葉である。城を傾けるというのは、城（都市や国家）をつぶすということであるが、国家の滅亡を招いてでも手に入れたい美女（日本では遊女）を意味するようになった。

これには次のような故事がある。

漢の武帝も帝国の最盛期を生きた天子だが、彼に自分の妹を売り込もうとした音楽家がいた。自分で作詞作曲して、武帝の前で、「一回振り返ると城を傾け、二回振り返ると国を傾ける」、そんな美人が身近におりますよと、謎をかけた。帝は興味を示して彼女を捜し出し、ついに夫人にしたという。音楽家の術中にまんまとはまったわけだ。もっとも、国家を滅ぼすまでにはいたらなかったが。

夫人が死ぬと、武帝は悲しんだ。彼女をもう一度見たいという思いから、不思議な香料を手に入れて、香とともに立ち現れる彼女に再会したという。反魂香は、死者の魂をこの世に返らせるという伝説的な香料だった。

以上のような中国の故事から、人形浄瑠璃や歌舞伎の外題が生まれた。

【女性誌】

初級編 まずは、小手調べ

❾	❼	❺	❸	❶
美肌	由緒	好感度	豪華	素敵
❿	❽	❻	❹	❷
完璧	華麗	清楚	可憐	露出度

中級編 ちょっとむずかしい!

❾	❼	❺	❸	❶
極上	旬	好相性	洒落	風合
❿	❽	❻	❹	❷
必須	贅沢	満喫	着心地	肌質

← 答えは次のページ

❶ すてき
すばらしい

❷ ろしゅつど
どのくらい肌を露(あらわ)にするか、その程度

❸ ごうか
派手で華やか

❹ かれん
かわいらしい

❺ こうかんど
どのくらい好ましいと感じるか、その程度

❻ せいそ
すっきりと清らか

❼ ゆいしょ
由来やいわれ

❽ かれい
華やかで美しい

❾ びはだ
肌を美しくすること

❿ かんぺき
欠点がなく完全

❶ ふうあい
織物の、触ったり見たりした感じ

❷ はだしつ
肌の性質

❸ しゃれ
装いが気のきいていること

❹ きごこち
着たときの感じ

❺ こうあいしょう
相性がよいこと

❻ まんきつ
十分に楽しむこと

❼ しゅん
いちばんよい時期

❽ ぜいたく
普通以上に金をかけていること

❾ ごくじょう
このうえなく上等

❿ ひっす
なくてはならないこと

上級編 さらに手ごわい！

⑨	⑦	⑤	③	①
風情	重厚	重宝	颯爽	老舗
⑩	⑧	⑥	④	②
無造作	潑剌	斬新	小粋	安堵感

難読編 いよいよ超難問！

⑨	⑦	⑤	③	①
御用達	垂涎	瀟洒	風靡	醍醐味
⑩	⑧	⑥	④	②
蠱惑的	健気	堪能	華奢	絢爛

← 答えは次のページ

❶ **しにせ**
代々続いている店

❷ **あんどかん**
ほっとする感じ

❸ **さっそう**
きりっとしてさわやかな様子

❹ **こいき**
どことなくしゃれているさま

❺ **ちょうほう**
便利なこと

❻ **ざんしん**
いままでになく目新しいさま

❼ **じゅうこう**
どっしり落ち着いた感じ

❽ **はつらつ**
元気があふれてぴちぴちした様子

❾ **ふぜい**
独特の味わい

❿ **むぞうさ**
何かをするのに気にせずに手軽なこと

❶ **だいごみ**
ほんとうのおもしろさ

❷ **けんらん**
きらびやかで美しい

❸ **ふうび**
全部をなびき従わせること。「一世を風靡（ふうび）する」のように使う

❹ **きゃしゃ**
ほっそりとして弱々しい

❺ **しょうしゃ**
気がきいてさっぱりしている

❻ **たんのう**
十分に満足する

❼ **すいぜん**
ひどく欲しがること

❽ **けなげ**
力の弱い者がしっかりふるまう様子

❾ **ごようたし**
宮中や官庁に品物などを納める商人

❿ **こわくてき**
女性が男心をまどわすほど魅力的なさま

◉定番の由来は？

女性誌の話題は、ファッションや化粧などが多い。毎月たくさんの女性誌が手を替え品を替え、これらをぐるぐるまわすように特集している。

女性誌を見ると、独特の言いまわしが多い。漢字の使い方も男性誌とは違う。意味が違うわけではないが、とくに愛用される言葉や、辞書にない言葉が多いのである。ファッションや化粧にまつわる言葉だから、それも当然かもしれない。本項にあげたものは、ほんの一部である。ほかに形容詞や動詞もある。

定番という言葉も女性誌で頻繁に使われているが、定番とはいったい何なのか。

この言葉は、『日本国語大辞典』（昭和五十年初版）にはない。よく現代語を拾うことで定評のある『三省堂国語辞典』では、第三版（昭和五十七年）にはなく、第四版（平成四年）に出ている。古いところでは、『言泉―国語大辞典』（昭和六十一年）と『旺文社国語辞典 改訂新版』（昭和六十一年）にあるのを見つけた。どうやら、定番は、そのころに生まれた言葉らしい。

番というのは商品番号のことで、売れ筋の商品で番号が定まっているから定番というそうである。洋服について用いられたのが、いまはほかの商品にも使われている。

辞書にはないが、廃番という言葉もある。これは定番であったタイプをやめてしまったもののことである。書物の場合なら、番を版に替えて廃版といえる（ただし、普通の言い方は絶版）。レコードやCDなどの場合なら、「廃盤」である。自動車の場合も「廃版車」を見かけたことがある（ただし、絶版車ということが多い）。いろいろ応用が利く。

●女性誌の定番語いろいろ

〈形容詞・動詞〉

可愛い（かわいい）、嬉しい（うれしい）、爽やか（さわやか）、流行る（はやる）、凜と（りんと）、眩しい（まぶしい）、艶やか（あでやか）、魅かれる（ひかれる）、寛ぐ（くつろぐ）、煌く（きらめく）

〈三字熟語〉

素材感（そざいかん）、敏感肌（びんかんはだ）、膝上丈（ひざうえたけ）、美白水（びはくすい）、膨脹色（ぼうちょうしょく）、小花柄（こばながら）、生足感（なまあしかん）、肌年齢（はだねんれい）

【服飾】

初級編 まずは、小手調べ

❶	❷	❸	❹	❺	❻	❼	❽	❾	❿
比翼	産着	木綿	浴衣	楊柳	袈裟	天竺	身頃	生成	先染

中級編 ちょっとむずかしい！

❶	❷	❸	❹	❺	❻	❼	❽	❾	❿
大島紬	杢糸	畦織	共布	裄丈	黄八丈	間服	留袖	別珍	十二単

← 答えは次のページ

❶ ひよく
ボタンが見えないようにした仕立て

❷ うぶぎ
赤ちゃんに着せる着物

❸ もめん
キワタの繊維から製した織物

❹ ゆかた
入浴後や夏に着る着物

❺ ようりゅう
縦の皺（しぼ）を出した織物

❻ けさ
左肩から掛ける僧の衣服

❼ てんじく
厚手の木綿

❽ みごろ
衣服で胴体に当たる部分

❾ きなり
染めたりしていない布地

❿ さきぞめ
織物にする前に糸を染めること

❶ おおしまつむぎ
奄美大島特産の絹織物

❷ もくいと・もくし
色の違う二つ以上の糸を撚（よ）り合わせた染め糸

❸ あぜおり
田の畦のような筋を出した織物

❹ ともぎれ
同一の布地

❺ ゆきたけ
背縫いから肩を経て袖口までの長さ

❻ きはちじょう
八丈島特産の絹織物

❼ あいふく
春と秋に着る衣服

❽ とめそで
振袖に対して、普通の袖の女性用和服

❾ べっちん
木綿で織ったビロード

❿ じゅうにひとえ
昔の女官が着た衣服

上級編 さらに手ごわい！

❶ 縮緬
❷ 友禅
❸ 綸子
❹ 襦袢
❺ 半纏
❻ 法被
❼ 更紗
❽ 羽二重
❾ 古代裂
❿ 作務衣

難読編 いよいよ超難問！

❶ 紅絹
❷ 厚司
❸ 繻子
❹ 飛白
❺ 紅型
❻ 犢鼻褌
❼ 唐桟
❽ 天鵞絨
❾ 褞袍
❿ 莫大小

← 答えは次のページ

❶ **ちりめん**
細かなしわを出した絹織物

❷ **ゆうぜん**
美しい模様を染めた絹

❸ **りんず**
つやのある絹織物

❹ **じゅばん・ジバン**
肌着の一種

❺ **はんてん**
丈の短い簡単な上着

❻ **はっぴ**
職人の着る、印などをつけた半纏

❼ **サラサ**
派手な模様を型染めした布。バティック

❽ **はぶたえ**
純白の絹織物

❾ **こだいぎれ**
古代の織物の切れ端

❿ **さむえ**
僧の仕事着

---

❶ **もみ**
紅で染めた絹

❷ **あつし**
オヒョウの繊維で織った布や衣服

❸ **しゅす**
なめらかでつやのある織物

❹ **かすり**
かすったような模様のある織物

❺ **びんがた**
沖縄特産の染め物

❻ **ふんどし**
男性の下着の一種

❼ **とうざん**
縞織物の一種。サントメ縞

❽ **ビロード**
つやのある柔らかい織物

❾ **どてら**
綿入れの和服

❿ **メリヤス**
伸縮性に富む布地

●グレー杢の「杢」とは？

衣類関係でよく杢という字を見かけるが、この杢とはいったい何なのか。杢は「木十工」を合わせた国字で、木工、つまり大工のこと。これが本義であるが、木目のことを杢ということもある。だから、木目は杢目とも書かれる。衣類の杢は、おそらくこれと関係がある。杢目織といえば、木目の文様を織り出した織物である。

二つ以上の異なった糸を撚り合わせると霜降り効果が出るという。その風合が木目と似ているから、こんな糸を杢糸という。黒と白の糸を撚り合わせたのがグレー杢である。普通のグレーとは違い、表面に独特の風合が感じられる。ほかに藍杢や赤杢など、いろいろな杢調の素材がある。

●おむつの「むつ」とは？

生まれたばかりの赤ちゃんに着せるのが産着である。尻に当てるのはおむつ。これは、むつきをかわいくいったものだ。しかし、昔のむつきは産着のことで、いまのおむつだけに限るのではなかった。

むつきを漢字で書くと襁褓。これは古代の漢語である。ただし、襁は赤ちゃんを背負う帯、褓は赤ちゃんを包む衣で、二つ合わせて産着を意味する。褓を構成する保、さらにそれを構成する呆は、生まれたばかりの赤ちゃんを衣で包む情景を図形化したものである。阿呆や呆気や痴呆の呆こそ、じつはおむつと関係があったわけだ。冗談やからかいで言っているのではなく、ほんとうの話である。

●左前の話、あれこれ

衣服を着るさい、自分から見て左の衽が体に近いほうにくるように着ること、言い換えると、前から向かって左の衽を上に着ることを左前という。和服の場合は、右の衽を先にするのが正しい着方である。死者に着せるときだけ左前とする。だから、物事が駄目になることを「左前になる」という。

　現在の日本では、和服を除いて、女性の衣服はたいてい左前になっている。これは、明治時代に洋装が入ってから生まれた風習で、まだ百年余りの歴史しかない。奈良以前の古代にさかのぼると、はたして日本人の着方が右前だったかは怪しい。というのは、右衽は中国の風習で、中国から日本に伝わった節がある。『論語』のなかで孔子は、野蛮人は左衽（左前のこと）をすると言っている。当時は、日本はまだ縄文時代で、日本人も野蛮人の仲間とされていた。

　それから約二千五百年、いまの中国も半分は〝野蛮人〟の仲間入り（つまり、女性の服装は左前が普通）とは、孔子も嘆いていることだろう。

【男】

初級編　まずは、小手調べ

❶ 美男
❷ 殿方
❸ 巨漢
❹ 坊主
❺ 色男
❻ 二枚目
❼ 東男
❽ 情夫
❾ 大丈夫
❿ 腕白小僧

中級編　ちょっとむずかしい！

❶ 旦那
❷ 居士
❸ 狸親父
❹ 壮丁
❺ 信士
❻ 女形
❼ 翁
❽ 優男
❾ 好々爺
❿ 狒々爺

⬅ 答えは次のページ

❶ **びなん**
ハンサムな男性

❷ **とのがた**
女性が男性を持ち上げていう語

❸ **きょかん**
体がとても大きな男性

❹ **ぼうず**
男の子。頭を丸めた僧のことから

❺ **いろおとこ**
女性にもてる男性

❻ **にまいめ**
ハンサム。芝居の看板は二番目に美男役が書かれたから

❼ **あずまおとこ**
江戸生まれの男のことで、「東男に京女」という

❽ **じょうふ**
女性の不倫相手の男性

❾ **だいじょうふ**
一人前の立派な男性

❿ **わんぱくこぞう**
やんちゃな男の子

---

❶ **だんな**
夫。僧にお布施を出す人の意から

❷ **こじ**
男性の戒名につける語で、信士より格上。女性は大姉(だいし)

❸ **たぬきおやじ**
悪賢いおやじ。たぬきは人を化かすから

❹ **そうてい**
一人前の男性

❺ **しんじ・しんし**
男性の戒名につける語。女性は信女(しんにょ)

❻ **おやま**
女役をする役者

❼ **おきな**
年とった男性

❽ **やさおとこ**
優しげに見える男性

❾ **こうこうや**
人のよいお爺さん

❿ **ひひじじい**
好色な爺さん

上級編　さらに手ごわい！

❶ 丁稚

❷ 公達

❸ 醜男

❹ 匹夫

❺ 下僕

❻ 姦夫

❼ 幇間

❽ 小倅

❾ 雲水

❿ 薩摩隼人

難読編　いよいよ超難問！

❶ 益荒男

❷ 伴天連

❸ 妓夫

❹ 三一

❺ 男鰥

❻ 健児

❼ 売僧

❽ 遊冶郎

❾ 間夫

❿ 和郎

← 答えは次のページ

❶ **でっち**
昔、商家などに奉公した少年

❷ **きんだち**
古代、貴族の子弟を指した語

❸ **ぶおとこ**
顔が醜い男性

❹ **ひっぷ**
身分の低い男性

❺ **げぼく**
召使いの男性

❻ **かんぷ**
不倫する男性

❼ **ほうかん・たいこもち**
酒席をとりもつ男の芸人

❽ **こせがれ**
自分の息子。転じて若者をけなしていう語

❾ **うんすい**
諸国を行脚(あんぎゃ)する僧

❿ **さつまはやと**
鹿児島県出身の男性

---

❶ **ますらお**
勇猛な男性

❷ **バテレン**
ポルトガル語のpadre（師父）から。キリスト教の宣教師を指した

❸ **ぎゅう**
客引きをする男

❹ **さんピン**
下級の侍をけなしていう語。年俸が三両一人扶持(いちにんぶち)だったから

❺ **おとこやもめ**
妻を失った男性

❻ **こんでい**
古代、諸国を警護した兵士。「けんじ」は別語

❼ **まいす**
僧をののしっていう語

❽ **ゆうやろう**
女色や酒食にふける男性

❾ **まぶ**
人妻と不倫する男。間男(まおとこ)ともいう

❿ **わろ**
男の子。童(わらわ)の変化

●大丈夫とは男性のこと？

現代日本語の「だいじょうぶ」は、しっかりしているといった意味で普通に使われる言葉だが、元来は「だいじょうふ」といい、ある種の男性を意味していた。夫という漢字は、大の上に一本の線が横に抜けた図形で、かんざしを挿した男、つまり、一人前になった男性を表している。農夫、漁夫、坑夫などの夫は、男性の意味である。夫に丈をつけて丈夫。古代中国生まれの言葉である。

話は中国に飛ぶ。丈は尺貫法の長さの単位で一〇尺。尺の測り方に二通りあった。尺は、手の親指とほかの指を広げて測るありさまを表し、男性と女性では幅が違う。男性の手では約二二・五センチメートルを一尺とするが、女性の手では一八センチメートルで、これを咫という。尺と咫はわずかな違いなので、ちょっとした距離を「咫尺の間」といい、わずかなことも知らないことを「咫尺を弁ぜず」という。

さて、丈は男性の手だと二二五センチメートル、女性の手だと一八〇センチメートルである。丈夫は、前者の寸法だと二メートルを超す大男だが、もちろんそんな身長の男性を丈夫といったわけではなく、立派な体格の男性を丈夫といったまでだ。

丈夫に、さらに大をつけて大丈夫といった。『孟子』に、「金におぼれることなく、貧乏に流されることなく、暴力に屈することのない人間を大丈夫というのだ」とある。体格だけでなく品格も優れた男性が大丈夫と呼ばれる資格があった。

●男性を意味する漢字いろいろ

男や夫のほかに、士・漢・郎が男性を意味する漢字である。士は、ペニスが立っている姿を図形化したもの。牡という漢字の右は土になっているが、もとは士であった。壮丁の壮（元気盛ん）や壻（婿に同じ）には士がついている。現在の日本では、職業を示す場合に士を使うことが多い。たとえば、弁護士、弁理士、気象予報士など。ただし、これらには男女の区別はない。

漢は、中国の川の名であった。現在もある。この川の流域に建てられた国を漢といい、そこに根拠地を置き、やがて全中国を支配する王朝ができて、やはり漢といった。ここから漢は中国全土の意味になり、また北方の異民族が漢の兵士を漢と呼んだことから、一般に男を漢というようになった。川の名から男へと、言葉は不思議な展開を見せるものだ。痴漢、酔漢、好漢、無頼漢、熱血漢、硬骨漢、変節漢はいずれも男だが、門外漢はどうか。この場合は女性にも使ってよいはずである。

郎は、おおざとがついている。本来は地名であった。これが男性を表すようになったのにも深い訳がある。古代中国で、いい人（女の恋人や夫）を良人といった。この良と郎が似た音なので、郎の一字で同じ意味を表すようになったしだいである。

初級編 まずは、小手調べ

1. 女丈夫
2. 女人
3. 醜女
4. 麗人
5. 生娘
6. 童貞
7. 寡婦
8. 鬼婆
9. 尼
10. 名花

中級編 ちょっとむずかしい!

1. 乙女
2. 阿魔
3. お局
4. 妖婦
5. 嫗
6. 佳人
7. 太夫
8. 別嬪
9. 舞妓
10. 御寮人

← 答えは次のページ

❶じょじょうふ
男まさりの女性

❷にょにん
女の人

❸しゅうじょ
醜い女性

❹れいじん
美しい女性

❺きむすめ
うぶな女性

❻どうてい
カトリック教の修道女

❼かふ
夫を失った女性

❽おにばば・おにばばあ
恐ろしい老女

❾あま
出家した女性

❿めいか
美女

❶おとめ
年の若い女性

❷あま
女性をけなしていう語

❸おつぼね
江戸時代、自分の部屋をもつ奥女中

❹ようふ
あやしいまでに美しく、男を惑わす女性

❺おうな
年とった女性

❻かじん
美しい女性

❼たゆう
最高位の遊女

❽べっぴん
美人

❾まいこ
酒席で、舞でもてなす少女

❿ごりょうにん
中流以上の家の娘や若妻

上級編 さらに手ごわい！

❶ 姥桜
❷ 閨秀
❸ 巫女
❹ 耳年増
❺ 海女
❻ 花魁
❼ 刀自
❽ 莫連
❾ 小女
❿ 大和撫子

難読編 いよいよ超難問！

❶ 姑娘
❷ 側女
❸ お俠
❹ 寵姫
❺ 手弱女
❻ 未通女
❼ 御内儀
❽ 敵娼
❾ 乳人
❿ 上臈

答えは次のページ

❶ **うばざくら**
娘盛りを過ぎても美しい女性

❷ **けいしゅう**
文才などが優れた女性

❸ **みこ**
神につかえる女性

❹ **みみどしま**
経験はないのに性的な知識をよく聞きかじっている若い女性

❺ **あま**
海に潜って魚介を獲る女性。男性は海士

❻ **おいらん**
高級遊女

❼ **とじ**
主婦

❽ **ばくれん**
世間ずれした女性

❾ **こおんな**
年若い下働きの女性。少女とは別語

❿ **やまとなでしこ**
日本女性

❶ **クーニャン**
若い女性という意の中国語

❷ **そばめ**
正妻以外の妻

❸ **おきゃん**
活発な女の子

❹ **ちょうき**
身分の高い男性から寵愛（ちょうあい）される女性

❺ **たおやめ**
しとやかな女性

❻ **おぼこ**
うぶな娘

❼ **おかみ**
他人の妻の敬称

❽ **あいかた**
相手をする遊女

❾ **めのと**
生母に代わって乳を子に飲ませる女性

❿ **じょうろう**
年功を積んだ身分の高い女性

◉花にたとえられる女性

名花はすばらしい花という意味だが、比喩的に美人の意味になる。美しい女性は花にたとえられることが多い。日本の女性は撫子にたとえられる。これが大和撫子である。ナデシコの語源は、撫でてかわいがる子ということらしい。ナデシコの花が清楚な感じを与えるので、日本的な女性のイメージにぴったりだった。

おいらんは、江戸時代に妹女郎（女郎とは遊女の意味）が姉女郎を「おいらの」と呼んだことによるという。これを漢字で花魁と書いた。ここにも花の比喩がある。花魁は古い漢語である。花のさきがけという意味から、梅のことを花魁という。梅の花も清楚な感じがする。

多くの男性のなかに一人だけ女性がいるのを紅一点という。これは王安石の「石榴を詠む」という漢詩にある、「万緑叢中紅一点」から出た語。緑の草むらのなかに赤く熟したザクロが見える風景を描いている。濃厚な色彩のイメージである。

唐の玄宗皇帝は愛人の楊貴妃と池のほとりで遊んでいたとき、いまは盛りと咲く蓮を見つけて、「予が解語の花（言葉を理解する花、すなわち楊貴妃）と比べてどうじゃ」と周りの者に尋ねたという。蓮は濃厚とはいわないまでも、華やかなイメージだ。日本と中国では、花の比喩の好みに少し違いがあるようだ。

●女性を表す漢字いろいろ

夫は男性なのに、女丈夫は女性。丈夫女がひっくりかえって女丈夫になったものだ。また、郎は男性の意味なのに、女郎は女性。これは、じつは上臈が女郎になまったもの。

女性を表す漢字は、たいてい女へんがつく。女は士に対して未婚のおんなの意味。だから、女はむすめの意味にもなる（息女、長女などの女）。婦は、「女＋帚（ほうき）」の組み合わせ文字で夫に付き従う女性の意。夫に対してつま、息子に対してはよめである。一般におんなの意味にもなるが、むすめにはならない。

ほかに、いろいろな女性を表す漢字がある。

天子の妻は后・妃・嬪という。ただし、身分の上下関係では、后が妃・嬪よりも上になる。普通の人の正妻は嫡という。これに対して、側室は妾（めかけ）である。高貴な身分では姫がある。「𦣝」は頤（おとがい、あご）の原字で、姫（ひめ）はあごのふくよかな女性を表した字であった。身分の低い女性は婢という。卑は文字どおり、いやしいという意味。若い女性は娘。これは嬢の異体字だが、日本では二つを使い分ける。年とった女性は婆・姥・姆・嫗・媼と、じつに多い。字面を見ても、波（しわを連想させる）や老は良よりイメージが悪そう。

【親族】

初級編　まずは、小手調べ

❾	❼	❺	❸	❶
舎弟	叔父	岳父	息女	息子
❿	❽	❻	❹	❷
姪	甥	初孫	賢夫人	姑

中級編　ちょっとむずかしい！

❾	❼	❺	❸	❶
親王	末子	宿六	女婿	実親
❿	❽	❻	❹	❷
非嫡出子	豚児	嗣子	舅	一粒種

← 答えは次のページ

❶ **むすこ**
男の子供

❷ **しゅうとめ**
夫あるいは妻の母

❸ **そくじょ**
身分のある人の娘

❹ **けんぷじん**
賢い夫人

❺ **がくふ**
妻の父

❻ **ういまご・はつまご**
はじめて生まれた孫

❼ **おじ**
父母の弟。父母の兄は伯父

❽ **おい**
兄弟姉妹の息子

❾ **しゃてい**
じつの弟

❿ **めい**
兄弟姉妹の娘

❶ **じつおや**
じつの親

❷ **ひとつぶだね**
ただ一人の子

❸ **じょせい**
娘の婿（むこ）

❹ **しゅうと**
夫あるいは妻の父

❺ **やどろく**
妻が夫を軽んじていう語

❻ **しし**
家を継ぐ子

❼ **ばっし・まっし**
最後に生まれた子

❽ **とんじ**
自分の息子を謙遜していう語

❾ **しんのう**
天皇の子および孫である男子。女子の場合は内親王

❿ **ひちゃくしゅつし**
結婚していない男女のあいだに生まれた子

上級編 さらに手ごわい！

❶ 養親子	❸ 乳兄弟	❺ 小姑	❼ 従兄弟	❾ 猶子
❷ 世子	❹ 愛娘	❻ 継子	❽ 外戚	❿ 太皇太后

難読編 いよいよ超難問！

❶ 嚊	❸ 嫂	❺ 継親	❼ 萱堂	❾ 荊妻
❷ 春宮	❹ 先妣	❻ 落胤	❽ 末裔	❿ 再従兄弟

← 答えは次のページ

❶ **ようしんし**
養子縁組による親子

❷ **せいし**
貴人の後継ぎ

❸ **ちきょうだい**
兄弟ではないが同じ乳母に育てられた者どうし

❹ **まなむすめ**
父母がかわいがっている娘

❺ **こじゅうと**
夫の姉妹

❻ **ままこ**
血のつながりのない、実子ではない子

❼ **いとこ**
父母の兄弟姉妹の子

❽ **がいせき**
母方または妻の親族

❾ **ゆうし**
兄弟姉妹の子。または養子

❿ **たいこうたいごう**
天皇の祖母

❶ **かかあ**
妻

❷ **とうぐう**
皇太子

❸ **あによめ**
兄の妻

❹ **せんぴ**
死んだ母。死んだ父は先考（せんこう）

❺ **ままおや**
血のつながりのない親

❻ **らくいん**
貴人が正妻以外の女性に生ませた子

❼ **けんどう**
母の敬称

❽ **まつえい**
遠い子孫

❾ **けいさい**
自分の妻を謙遜していう語

❿ **はとこ**
親が従兄弟どうしである子の関係。又従兄弟と同じ

●孫の次は曽孫、その次は?

孫という字は「子十系（一筋につなぐ）」の組み合わせで、子の子、またその子という具合に血統がつながっていく子孫を暗示させている。しかし、普通は自分から数えて三代目を孫という。四代目は曽孫（ひまご）。曽には、かさなるというイメージがある。父の父は祖父だが、その父は曽祖父。これとちょうど反対側が曽孫である。曽孫の次が玄孫（やしゃご）。玄は、暗いとか、か細いという意味。日本語のやしゃごは変な言葉だが、「やしわご」あるいは「やしまご」が転じたものという。やしゃごの次を日本語で何というか知らないが、漢語では来孫という。その次は昆孫、次は仍孫（耳孫とも）、次は雲孫である。この親族名称は、『爾雅』という古代中国の辞書に出ている。

ところで、先祖の場合はせいぜい曽祖父・曽祖母の上くらいまで（高祖父・高祖母という）だが、子孫の場合は九代目まで名称がある。この違いは何だろうか。遠い未来の子孫、ひいては人類の将来を大事にしたいという意識の表れではないかと思う。

●血縁のない人の呼び方は?

血のつながりがなくても、法律上、親族の関係になるのは、婚姻関係のほかに養子縁組がある。考えてみると、養子というのは変な言葉である。なぜ、養う子なのか。養子は非常に古い漢語で、『後漢書』という歴史書に出ている。自分の生んだ子ではないが、家に引き取って養う子を養子といった。

猶子は養子と同じ意味に使うことが多いが、本来は兄弟姉妹の子、つまり甥や姪のことである。『礼記』という本の「兄弟の子は猶子のごときなり」からきている。甥や姪はそれほど近い親族というわけだ。筆者の故郷では、従兄弟も兄弟と同じように見る感情がある。だから、年上の従兄弟をじつの兄と同じく「〜兄」と呼ぶ。

養子を義子ということもある。義は義歯、義手、義足の義と意味が似ている。名目上の、形式的という意味である。実質的なつながりはないが、約束で取り結んだ関係を表す言葉が義である。義父・義母は養父・養母よりも意味の範囲が広い。

螟蛉という言葉もある。これは中国の故事成語に由来する。螟蛉はあおむしのことで、ジガバチがこれを巣に運んできて自分の子にするという（一八一ページ参照）。ここから、養子を螟蛉というようになった。

実子の反対は継子である。「まま」は古代の日本語で、血のつながりがないという意味。これに漢字の継を当てた。継にそんな意味があるのか。継には後をつぐという意味しかないが、中国で養子を継子ともいった。だから、「まま」に継を当てたわけだ。日本では継子と養子は違う。

【体】

初級編 まずは、小手調べ

❶ 頬
❷ 歯肉
❸ 項
❹ 臍の緒
❺ 膣
❻ 太腿
❼ 睾丸
❽ 向こう脛
❾ 頭蓋骨
❿ 膝小僧

中級編 ちょっとむずかしい！

❶ 瞼
❷ 鎖骨
❸ 睫
❹ 眉間
❺ お凸
❻ 上膊
❼ 肘
❽ 臀部
❾ 盆の窪
❿ 股関節

← 答えは次のページ

❶ **ほほ・ほお**
目の下にある柔らかな部分

❷ **しにく**
はぐき

❸ **うなじ**
首のうしろ側

❹ **へそのお**
胎児と胎盤をつなぐもの

❺ **ちつ**
女性性器の一つ

❻ **ふともも**
股(もも)の付け根に近い部分

❼ **こうがん**
男性性器の一つ

❽ **むこうずね**
すねの前の部分

❾ **ずがいこつ**
頭をおおう骨

❿ **ひざこぞう**
ひざの外側の部分

---

❶ **まぶた**
眼球をおおう皮

❷ **さこつ**
肩と胸骨をつなぐ骨

❸ **まつげ**
まぶたのふちの毛

❹ **みけん**
眉と眉のあいだ

❺ **おでこ**
ひたい

❻ **じょうはく**
肩と肘のあいだ

❼ **ひじ**
腕の折れ曲がる部分の外側

❽ **でんぶ**
尻

❾ **ぼんのくぼ**
うなじのくぼんだところ

❿ **こかんせつ**
両足のつけ根にあり、骨盤と大腿骨をつなぐ関節

上級編 さらに手ごわい！

❶ 踵
❷ 耳朶
❸ 鬢
❹ 喉彦
❺ 膝蓋
❻ 味蕾
❼ 尾骶骨
❽ 椎間板
❾ 鼠蹊部
❿ 臍下丹田

難読編 いよいよ超難問！

❶ 靨
❷ 膕
❸ 頤
❹ 胞衣
❺ 踝
❻ 会陰
❼ 腓
❽ 鳩尾
❾ 眦
❿ 顳顬

← 答えは次のページ

❶ かかと・きびす
足の裏の後部

❷ じだ
耳たぶ

❸ びん
顔の側面に生える髪

❹ のどびこ
口蓋垂。つまり、のどちんこ

❺ しつがい
膝小僧

❻ みらい
舌の、味を感じ取る部分

❼ びていこつ
尻の骨

❽ ついかんばん
椎骨と椎骨のあいだにある軟骨

❾ そけいぶ
股の付け根

❿ せいかたんでん
へその下にある活力の出る要所

❶ えくぼ
笑うとほほに出るくぼみ

❷ ひかがみ
膝のうしろのくぼんだ部分

❸ おとがい
あご

❹ えな
胎児を包む膜、胎盤、臍帯などの総称

❺ くるぶし
足首の両側の突起

❻ えいん
陰部と肛門のあいだ

❼ こむら
すねの裏側。ふくらはぎ

❽ みぞおち
胸骨の下のくぼんだ部分

❾ まなじり
目じり

❿ こめかみ
耳と目のあいだにある、物を噛むと動く部分

●「はなみぞ」ってどこのこと？

人体は、それぞれの部分に名前がある。へこんだところにも名前がついている。項の中央にあるへこみは盆の窪という。膝の後ろ側にあるへこみは膕という。胸の下方のへこみは鳩尾である。

では、鼻と口のあいだのへこんだところは何というか。

日本語では鼻溝という。文字どおり、鼻の溝。中国語では人中という。これは元来、相術（人相や家相を占う術）の用語、あるいは漢方のつぼの名であった。漢字一字でいうと谷である。口の上のへこみを図形化したもの。これは、くぼむ、へこむというイメージを示す記号として、ほかの字の構成要素にも利用される。郤は、すきまという意味。へこむのイメージは、すきまのイメージに容易につながる。

退却の却の異体字に卻がある。左側は谷ではなく谷である。しりぞくとは、その場からへこむというイメージである。卻を使った字に腳がある。これは脚の異体字で、あしの下半部を指す。膝を曲げると後ろにへこんではみ出る部分だから腳というのである。

●医師の業界読みあれこれ

歯肉は一般に、しにくと読むが、医師は「はにく」というそうである。「し」が死を連想させて嫌ったのだろうか。

齲歯はくしがほんとうだが、うしで通っている。齲歯なんて言葉を使うのは医師しかいないから、これも医師の業界読みかもしれない。

有名な業界読みに口腔外科がある。医師は、こうくうと読む。普通の読みはもちろん、こうこうである。こうくう外科だと、筆者は「航空」外科を思い浮かべてしまう。医師の業界読みでは、口腔だけでなく、鼻腔はびくう、胸腔はきょうくう、腹腔はふくうと読んでいる。満腔（まんこう）の謝意を表するという場合も、まんくうというのだろうか。ここまでは付き合いきれない。

もう一つ気になるのは、頭蓋骨の読み方である。小型の国語辞典はたいてい、ずがいこつだが、『広辞苑』『大辞林』『大辞泉』はそろいもそろって、とうがいこつである。筆者は、この読みははじめて聞く。

ほかの業界読みでは、清拭（せいしょく）をせいしき、右脳（みぎのう）・左脳（ひだりのう）をうのう・さのうと読む。また、臍帯は漢和辞典ではせいたいだが、国語辞典ではさいたい。これも気になる読みである。どちらかに統一してほしいものである。

【病気】

初級編　まずは、小手調べ

1. 痔
2. 風邪
3. 癌
4. 淋病
5. 疣
6. 動脈瘤
7. 痣
8. 脳梗塞
9. 黄疸
10. 天然痘

中級編　ちょっとむずかしい！

1. 書痙
2. 痔瘻
3. 顎関節症
4. 面疔
5. 霍乱
6. 下疳
7. 疝気
8. 蕁麻疹
9. 麻疹
10. 骨粗鬆症

← 答えは次のページ

❶ **じ**
肛門の病気

❷ **かぜ**
流行性感冒

❸ **がん**
悪性の腫瘍

❹ **りんびょう**
淋菌が起こす性病

❺ **いぼ**
皮膚にできる異常な突起

❻ **どうみゃくりゅう**
動脈にできる、こぶ状にふくらんだもの

❼ **あざ**
皮膚の異常な変色部分

❽ **のうこうそく**
脳の血管が詰まる病気

❾ **おうだん**
皮膚などが黄色くなる症状

❿ **てんねんとう**
顔に痘痕（あばた）ができる感染症

---

❶ **しょけい**
字を書くときに指が震える病気

❷ **じろう**
肛門の周囲が膿（う）む痔の一種

❸ **がくかんせつしょう**
あごの関節やその周辺に痛みを感じる病気

❹ **めんちょう**
顔にできる悪性の腫（は）れ物

❺ **かくらん**
急に下痢や嘔吐（おうと）を起こす病気

❻ **げかん**
陰部にできる潰瘍

❼ **せんき**
下腹部が痛む病気

❽ **じんましん**
アレルギーで起こる皮膚病の一種

❾ **はしか**
多く子供がかかる感染症

❿ **こつそしょうしょう**
骨がもろい状態になる病気

上級編　さらに手ごわい！

❶ 面皰
❷ 癆咳
❸ 疥癬
❹ 壊疽
❺ 瘭疽
❻ 飛蚊症
❼ 呑気症
❽ 汗疹
❾ 雀斑
❿ 歯槽膿漏

難読編　いよいよ超難問！

❶ 腋臭症
❷ 白帯下
❸ 麦粒腫
❹ 蜂窩織炎
❺ 胼胝
❻ 虎列刺
❼ 掌蹠膿疱症
❽ 窒扶斯
❾ 膿痂疹
❿ 僂麻質

← 答えは次のページ

❶ にきび
顔にできる小さな吹き出物

❷ ろうがい
肺結核の漢方名

❸ かいせん
虫の寄生で起こる伝染性の皮膚病

❹ えそ
組織が壊死する症状

❺ ひょうそ
手足の指先の炎症

❻ ひぶんしょう
目の前に蚊が飛ぶようなものが見える症状

❼ どんきしょう
空気を多量に飲み、腹がふくれる病気。空気嚥下症

❽ あせも
汗のため皮膚にできる湿疹

❾ そばかす
顔にできる褐色の斑点

❿ しそうのうろう
歯ぐきから膿が出る病気。現在では歯周病

❶ えきしゅうしょう
脇の下が臭い病気。わきが

❷ はくたいげ
女性のおりもの

❸ ばくりゅうしゅ
まぶたにできる腫れ物。ものもらい

❹ ほうかしきえん
皮膚が赤く腫れる病気

❺ べんち・たこ
皮膚の表面が角質化したもの

❻ コレラ
コレラの漢字表記

❼ しょうせきのうほうしょう
手のひらや足裏に発疹ができる病気

❽ チフス
チフスの漢字表記

❾ のうかしん
皮膚に水疱ができる病気。とびひの類

❿ リウマチ
リウマチの漢字表記

●独特の顔をもつ「やまいだれ」

やまいだれは、病気と関係があることを示す限定符号である。病名を表す単字が多い。常用漢字表に採用されている病名漢字は、痘（天然痘、痘瘡）くらい。豆粒大のできものが生じるので「疒＋豆」の字が考案された。

常用漢字以外では痔がある。寺は待（じっとまつ）・峙（じっとそばだつ）・跱（立ち止まる）を構成するように、じっと止まるというイメージがある。血液の流れが止まり、通じも悪くなるから、肛門の病気に「疒＋寺」の名が与えられた。

疽。この病気の基本的イメージは「且」にある。これは上に重なるというイメージである。皮膚に生じる悪性の腫れ物が疽である。テロかと疑われ、アメリカを震撼させた炭疽病にも用いられている。なぜ、炭という字がついているのか。炭疽菌が皮膚を侵すと、皮膚に炭のように黒っぽいできものが生じるという。だから、炭疽といったわけだ。

癌。古くは岩と称した。岩のようなしこりだからである。宋代の中国医学書で、はじめて癌という字がつくられた。嵒は「品（ごろごろしたもの）＋山」を合わせて岩を暗示させる図形になっている。最近は漢字で書かないことが多いが、その代わり、ガンという発音のイメージが前面に出てきた。これを聞くと、ガンと一発やられる

かな感じがする。中国では、礙（ai）の音を借りて読むようになっている。これなら穏やかな感じがする。

●文明と病気

人類の歴史は、病気との闘いの歴史でもあった。天然痘などの感染症は次々と克服された。しかし、文明は新しい病気もつくりだす。環境の悪化が病気も生み出すのだ。花粉症は杉の花粉だけではなく、車の排気ガスとの関連も指摘されている。

付き合いたくないのは、当初、狂牛病といわれたＢＳＥ（牛海綿状脳症）である。対岸の火事と思っていたのが、足元に火がついた。近来にないパニックを引き起こしたが、たとえ収まっても食品に対する不信感はぬぐえないだろう。プリオンという、細菌でもウイルスでもない新しい病原体には驚いた。

ＢＳＥの恐ろしいところは、それだけではない。自然をゆがめたことが、人類の滅亡につながりかねないということだ。牛は草食動物なのに、肉の餌が与えられる。しかも共食いである。人間の倫理では罪悪そのものである。

社会が変化すると、また病気も変わる。大学の新入生や社会に出た新人が、一カ月たったころ、無気力になったり、ノイローゼになったりする。これは五月病と呼ばれたが、近年では、ベテラン社員もふくめ、「六月病」がふえているという。

【草】

初級編　まずは、小手調べ

1. 葦
2. 蓼
3. 菫
4. 葛
5. 菱
6. 蓬
7. 茜
8. 紅花
9. 葵
10. 煙草

中級編　ちょっとむずかしい！

1. 撫子
2. 芒
3. 鶏頭
4. 苔
5. 瓢箪
6. 向日葵
7. 竜胆
8. 罌粟
9. 薊
10. 薺

← 答えは次のページ

❶ **あし**
イネ科の草。よしずに利用

❷ **たで**
辛みがあるが若葉は食用

❸ **すみれ**
花は濃紫色

❹ **くず**
秋の七草の一つ。葛粉を採る

❺ **ひし**
水草。果実はひし形

❻ **よもぎ**
キク科の草。葉を餅に使う

❼ **あかね**
つる草。あかね色の染料に利用

❽ **べにばな**
キク科の草。紅色の染料に利用

❾ **あおい**
アオイ属の総称。夏の季語

❿ **タバコ**
ナス科の草。葉は喫煙用

---

❶ **なでしこ**
秋の七草の一つ。花は淡紅色

❷ **すすき**
秋の七草の一つ。花穂を尾花という

❸ **けいとう**
ヒユ科。花穂が鶏のとさかに似る

❹ **こけ**
森の中や岩の上などに生える植物

❺ **ひょうたん**
夕顔の仲間。果実を容器に利用

❻ **ひまわり**
キク科。太陽のほうに向かうという

❼ **りんどう**
胆(きも)のような苦味のある根は薬用

❽ **けし**
ケシ科。果実から阿片を採る

❾ **あざみ**
アザミ属の総称。葉の縁にとげがある

❿ **なずな**
春の七草の一つ。若葉は食用

上級編 さらに手ごわい！

1. 秋桜
2. 羊歯
3. 蒲公英
4. 擬宝珠
5. 杜若
6. 吾亦紅
7. 女郎花
8. 万年青
9. 勿忘草
10. 独活

難読編 いよいよ超難問！

1. 沢瀉
2. 虎杖
3. 泊夫藍
4. 紫雲英
5. 木賊
6. 羊蹄
7. 酸漿
8. 射干
9. 酸模
10. 苧環

← 答えは次のページ

❶ **コスモス**
キク科。細長い茎にたくさんの花が咲く

❷ **しだ**
シダ植物の総称。ワラビやゼンマイなど

❸ **たんぽぽ**
キク科。実は風で飛び散る

❹ **ぎぼし・ぎぼうし**
ユリ科。花は白色または紫色

❺ **かきつばた**
アヤメ科。花は紫色または白色

❻ **われもこう**
バラ科。花は暗赤色

❼ **おみなえし**
秋の七草の一つ。花は黄色

❽ **おもと**
ユリ科。花は緑黄色

❾ **わすれなぐさ**
ムラサキ科。花は青色

❿ **うど**
ウコギ科。若芽は食用

---

❶ **おもだか**
水草。花は白色

❷ **いたどり**
タデ科。若い茎は食用

❸ **サフラン**
アヤメ科。薬用。染料に用いる

❹ **げんげ**
マメ科。牧草に利用。レンゲソウともいう

❺ **とくさ**
シダ植物。茎は中空

❻ **ぎしぎし**
タデ科。茎と葉は食用

❼ **ほおずき**
ナス科。果実は球形で玩具にする。鬼灯とも書く

❽ **しゃが**
アヤメ科。花は淡紫色

❾ **すいば・すかんぽ**
タデ科。葉と茎に酸味がある

❿ **おだまき**
キンポウゲ科。花は青紫色

◉胡のつく植物の意味は？

胡麻、胡椒、胡桃など、胡の字がつく植物がある。胡とは何か。胡はあごの下に垂れた肉という意味から転じて、あごの下に垂れるひげという意味が生じた。胡にかみがしらをつけた鬍（あごひげ）は、のちに起こった字である。

さらに、意味が転じる。中央アジア方面に住むイスラム系の民族は、たいていひげを蓄えている。その身体的特徴をとらえて、中国では彼らを胡人と称し、一般に異民族を胡（えびすの意）といった。そういうわけで、中央アジア方面から中国に伝わった植物や、そのほか外来の物事に胡の字をつけたのである。あぐらを胡坐と書くのは、中国人にとってそれが外国の風習だからである。

◉多くの名をもつアシとハス

葦はアシである。ほかに蘆・葭もアシと読む。なぜ、違った漢字で書かれるのか。アシは成長の段階で呼び名が変わるといわれる。生え出たばかりのころの名が葭で、少し成長すると蘆となり、成熟すると葦となる。植物にも出世魚のようなものがあるとは意外である。

ハスも、蓮・荷・藕・芙蓉・芙蕖と、名が多い。これらは出世名ではなさそうである。いちばん古い言葉は荷であった。「何」は人が荷物を担ぐ情景を表し、肩にT形に担ぐ姿を呈するから、T形になるというイメージを示す記号に用いられる。ハスは葉がT形になって水面に浮かぶので、「艸（くさかんむり）＋何」でハスを表記する。ハスをレンといって蓮と表記するのは、節が連なる地下茎（蓮根）の特徴をとらえたものである。連なるのは並ぶというイメージにもなるから、「艸＋耦（並ぶ）」で書かれる藕という名も生まれた。植物の名（またそれを表記する漢字）は、そのものの特徴をうまくとらえたものが多い。

●「佳境に入る」の由来は？

佳境に入るは、蔗境に入るともいう。蔗は甘蔗、つまりサトウキビのこと。なぜ、佳境はサトウキビと関係があるのか。『世説新語』という本に、こんな話が出ている。晋の顧愷之という人は、サトウキビを食べるとき、先のほうから食べる癖があった。ある人が、「なぜ、わざわざ先のほうから食べるんだね」と尋ねると、顧愷之は、「根元に行くにつれて甘くなるんだよ。〝漸く佳境に入る〟さ」と答えた。

顧愷之の食べ方は、サトウキビをよく知っている人の食べ方である。いきなりよいところから食べると、あとがまずい。だんだんよい境地に入っていくのが醍醐味というものだろう。

【木】

初級編　まずは、小手調べ

❶ 楡
❷ 枥
❸ 椿
❹ 木犀
❺ 榎
❻ 木瓜
❼ 柊
❽ 牡丹
❾ 椎
❿ 沈丁花

中級編　ちょっとむずかしい！

❶ 楓
❷ 枸杞
❸ 欅
❹ 百日紅
❺ 榊
❻ 花梨
❼ 樒
❽ 公孫樹
❾ 槐
❿ 山茶花

← 答えは次のページ

❶ **にれ**
落葉高木。街路樹などに用いる

❷ **とち**
トチノキ。種子は食用

❸ **つばき**
常緑樹。種子から油を採る

❹ **もくせい**
常緑樹。花は白くて香りがよい

❺ **えのき**
ニレ科の落葉樹。花は淡黄色

❻ **ぼけ**
バラ科の落葉樹。花は白色または紅色

❼ **ひいらぎ**
モクセイ科の常緑樹。花は白色

❽ **ぼたん**
中国原産の落葉樹。色とりどりの美しい花を開く

❾ **しい**
ブナ科の常緑樹。果実は食用

❿ **じんちょうげ**
常緑樹。花は香気が強い

---

❶ **かえで**
落葉樹。秋に紅葉する

❷ **くこ**
ナス科の落葉樹。果実は薬用酒に用いる

❸ **けやき**
ニレ科の落葉樹。材質が堅い

❹ **さるすべり**
落葉樹。花は紅色または白色

❺ **さかき**
ツバキ科の常緑樹。神事に用いる

❻ **かりん**
バラ科の落葉樹。果実は果実酒に用いる

❼ **しきみ**
モクレン科の常緑樹。枝を仏前に供える

❽ **いちょう**
中国原産の落葉樹。秋に黄葉（こうよう）

❾ **えんじゅ**
マメ科の落葉樹。花は黄色

❿ **さざんか**
ツバキ科の常緑樹。花は白色または紅色

上級編 さらに手ごわい！

❶ 栂
❷ 梔子
❸ 木槿
❹ 石楠花
❺ 躑躅
❻ 柘植
❼ 棕櫚
❽ 合歓木
❾ 紫陽花
❿ 馬酔木

難読編 いよいよ超難問！

❶ 木天蓼
❷ 接骨木
❸ 辛夷
❹ 杜鵑花
❺ 皁莢
❻ 胡頽子
❼ 凌霄花
❽ 満天星
❾ 木通
❿ 翌檜

← 答えは次のページ

❶ **つが・とが**
マツ科の常緑樹。材質が堅い

❷ **くちなし**
アカネ科の常緑樹。花は白く芳しい

❸ **むくげ**
アオイ科の落葉樹。花は白色または薄紅色

❹ **しゃくなげ**
ツツジ科の常緑樹。花は淡紅色

❺ **つつじ**
ツツジ科の低木。花は薄紅色または白色

❻ **つげ**
ツゲ科の常緑樹。花は黄色

❼ **しゅろ**
ヤシ科の常緑樹。葉はうちわ状

❽ **ねむのき**
マメ科の落葉樹。夜間は葉が閉じる

❾ **あじさい**
ユキノシタ科の落葉樹。花は球形で色が変わる

❿ **あせび・あしび**
ツツジ科の有毒植物。花は白色

---

❶ **またたび**
つる性の落葉樹。猫が好む

❷ **にわとこ**
スイカズラ科の落葉樹。花は淡黄緑色

❸ **こぶし**
モクレン科の落葉樹。花は白色

❹ **さつき**
ツツジ科の常緑樹。花は紅色、白色など、色とりどり

❺ **さいかち**
マメ科の落葉樹。花は黄緑色

❻ **ぐみ**
グミ属の低木。果実は食用

❼ **のうぜんかずら**
ほかの植物に絡む、つる性の木。花は橙(だいだい)色

❽ **どうだんつつじ**
ツツジ科の常緑樹。花は白色

❾ **あけび**
つる性の落葉樹。果実は食用

❿ **あすなろ**
ヒノキ科の常緑樹。檜(ひのき)に似るが、葉が大きい

●茶の字源は？

茶はもともと、木の名前である。なぜ、くさかんむりか。茶は荼（と）という字を変形して独立させたものである。

では、荼とは何か。これは草の名で、ノゲシまたはニガナのことである。ノゲシもニガナも、切ると苦い汁が出る。だから、苦荼（くと）ともいわれ、苦いものにたとえられる。

古代の中国人はいろいろな植物を飲料として試していたらしいが、チャの木を発見するにおよんで、これを荼と呼んだ。苦い味が似ているからである。

唐の時代になると、飲料の名はトからチャという音に変わっていたので、二つを区別する必要が生じた。そこで、荼から一画を除いた茶の字が考案されたしだいである。茶は、漢字のなかでは比較的、新しい字である。

●桜はサクランボだった？

桜の旧字は櫻。これは中国の古い文献に出ているが、いまのサクラではなかった。シナミザクラである。その果実がサクランボである。

櫻を構成する嬰は、嬰児（えいじ）、つまり幼子（おさなご）を意味する。赤ちゃんの唇は赤くて丸く、かわいい形をしている。サクランボの実を赤ちゃんの唇に見立てて、「木＋嬰」の櫻が生まれた。

この字をサクラと読んだのは、昔の日本人である。中国の文献（とくに辞書）が日本に伝わったとき、櫻をサクラと誤訳したのが原因である。しかし、現在の中国でも櫻をサクラに用いて怪しまない。

●公孫樹の語源は？

イチョウはジュラ期に繁茂し、氷河期を耐え抜いてきた古代植物で、生きた化石といわれる。これが中国に棲息（せいそく）していた。約二千年前の漢代のイチョウの古樹がいまなお四川省に残っているという。

宋代の文献にはじめて銀杏（いちょう）の名が登場する。白い果実なので銀で形容する。漢方では白果（はくか）という。葉の形が鴨の足に似ているので、鴨脚という名も生まれた。この語の近世中国語音（ia-kiau）が日本に伝わり、いちやう→いちょうとなった。

また、公孫樹とも書かれる。イチョウの実は成長が遅いので、公（親）が植えると孫がそれを食べられるようになるから公孫樹という名がついたと、『花鏡（かきょう）』という明代の本に出ている。

【野菜・果物】

初級編　まずは、小手調べ

❶ 小豆
❷ 李
❸ 芹
❹ 蕪
❺ 人参
❻ 蕎麦
❼ 春菊
❽ 生姜
❾ 杏
❿ 蒟蒻

中級編　ちょっとむずかしい！

❶ 葱
❷ 茘枝
❸ 棗
❹ 胡瓜
❺ 柚子
❻ 牛蒡
❼ 金柑
❽ 檸檬
❾ 枇杷
❿ 隠元

← 答えは次のページ

❶ **あずき**
種子を餡(あん)などに用いる

❷ **すもも**
プラムの仲間。果実は酸味がある

❸ **せり**
春の七草の一つ。香りがよい

❹ **かぶ・かぶら**
アブラナ科の草。根を食用にする

❺ **にんじん**
根は赤い

❻ **そば**
種子を蕎麦粉にする

❼ **しゅんぎく**
菊の一種。芳香がある

❽ **しょうが**
根茎は辛く、薬味に用いる

❾ **あんず**
梅に似た木。種子は杏仁(あんにん)。漢方薬として使うときは杏仁(きょうにん)

❿ **こんにゃく**
サトイモ科。球茎を食品に加工する

---

❶ **ねぎ**
葉は中空。花をネギ坊主という

❷ **れいし・ライチ**
中国南部の産。果実の表面に凸凹(でこぼこ)がある

❸ **なつめ**
果実は楕円形。食用のほか薬用に用いる

❹ **きゅうり**
果実は細長く緑色

❺ **ゆず**
柑橘(かんきつ)類。果実は香味料に用いる

❻ **ごぼう**
キク科の草。細長い根を食用にする

❼ **きんかん**
柑橘類。果実は黄金色に熟す

❽ **レモン**
柑橘類。芳香と酸味が強い

❾ **びわ**
果実は卵形で黄赤色

❿ **いんげん**
種子やさやを食用にする豆

上級編 さらに手ごわい！

1. 稗
2. 無花果
3. 黍
4. 辣韮
5. 分葱
6. 大蒜
7. 浅葱
8. 山葵
9. 菠薐草
10. 仏手柑

難読編 いよいよ超難問！

1. 凸柑
2. 玉蜀黍
3. 桶柑
4. 朱欒
5. 大角豆
6. 榲桲
7. 蚕豆
8. 慈姑
9. 薯蕷芋
10. 萵苣

← 答えは次のページ

❶ **ひえ**
イネ科。昔は食用にした

❷ **いちじく**
クワ科。果実は食用や薬用に用いる

❸ **きび**
五穀の一つ。団子などに用いる

❹ **らっきょう**
鱗茎(りんけい)を漬物にする

❺ **わけぎ**
ネギの一種。株分けして繁殖させる

❻ **にんにく**
鱗茎は臭気が強いが食用になる

❼ **あさつき**
ネギの仲間。ネギより葉が細い

❽ **わさび**
地下茎を香辛料に用いる

❾ **ほうれんそう**
アカザ科。葉は緑色で長三角形

❿ **ぶしゅかん**
柑橘類。果実の先が手の指のように分かれる

---

❶ **ポンカン**
柑橘類。蜜柑(みかん)より大きくて甘い

❷ **とうもろこし**
コーンのこと。中南米原産

❸ **タンカン**
柑橘類。中国南部の産。凸柑(ぽんかん)とオレンジの雑種で橙紅色(とうこうしょく)

❹ **ザボン**
柑橘類。果実は大きい。文旦(ぶんたん)ともいう

❺ **ささげ**
種子とさやを食用にする

❻ **マルメロ**
バラ科。果実は洋梨形でジャムなどに用いる

❼ **そらまめ**
大きなさやが空に向かう豆

❽ **くわい**
オモダカ科。地下茎を食用にする

❾ **とろろいも**
とろろ汁にする芋。ナガイモ、ヤマノイモなど

❿ **ちしゃ・ちさ**
レタス

●瓜の読み方は？

瓜という字のついた植物名は、さまざまに読まれる。

西瓜(すいか)…十世紀ごろ、中国に伝来した。外来語の音訳といわれる。日本語のスイカは、当時の中国語音（sei-kua）の訛(なま)りであろう。

南瓜(かぼちゃ)…十六世紀、ポルトガル船により日本に伝来した。カンボジア産と考えられてカボチャとなった。

胡瓜…黄瓜（きうり）から。

糸瓜(へちま)…漢語の糸瓜をイトウリと訓読みし、これがとうりに訛った。「と」はイロハの「へ」と「ち」のあいだにあるから、ヘチマになったという。

冬瓜(とうがん)…トウガの訛り。

苦瓜(にがうり)…沖縄ではゴーヤーという。中国語の**kugua**の訛りであろうか。

●国や土地の名に由来する⁉

右にあげた南瓜のように、国や土地にちなむ野菜や果物はほかにもある。

菠薐草(ほうれんそう)…菠薐はネパールの古名であった。ネパールからこの野菜が中国に献上されたと、唐代の記録にある。

柘榴（ざくろ）……もとは石榴とか安石榴と書いた。安石は安息と同じで、古代、中央アジアの国の名だった。漢の冒険家、張騫（ちょうけん）が中国にもたらしたと伝えられる。

凸柑……インドのポーナ地方に産するのでポンカンという。椪柑とも書かれる。

巴旦杏（はたんきょう）…アーモンドのこと。西アジアから中国に伝わったとき、この名が生まれた。巴旦はペルシア語の**badam**の音訳で、地名だという。

玉蜀黍…トウモロコシも中国という意味である。

馬鈴薯（ばれいしょ）…これをじゃがいもと読むことがある。ジャガタラいもがじゃがいもになった。ジャガタラはジャカルタの訛りで、江戸時代、ジャワ島を指した。

●キウイのふるさとは中国？

キウイはニュージーランドに棲息（せいそく）する鳥の名前で、果実がその卵に似ているのでキウイの名がついた。キウイは本来は商品の名であり、植物名はオニマタタビ、あるいはシナサルナシという。中国名は獼猴桃（びこうとう）である。獼猴とは猿のことで、猿がこの果実を好むといわれる。

オニマタタビは中国が原産地で、古くから栽培されていた。その後、ニュージーランドに輸出されて品種改良がなされたという。これを商品化して日本などに輸出するようになった。キウイのふるさとが中国だということはあまり知られていない。

【品種】

初級編　まずは、小手調べ

❶ 巨峰
❷ 男爵
❸ 紅玉
❹ 長十郎
❺ 幸水
❻ 柴犬
❼ 白桃
❽ 東天紅
❾ 和金
❿ 月下美人

中級編　ちょっとむずかしい！

❶ 染井吉野
❷ 出目金
❸ 国光
❹ 錦鯉
❺ 富有
❻ 高砂
❼ 水蜜桃
❽ 二十世紀
❾ 緋鯉
❿ 八重桜

← 答えは次のページ

❶ きょほう
葡萄。紫黒色で大粒

❷ だんしゃく
じゃがいも。明治時代、川田龍吉男爵が栽培

❸ こうぎょく
林檎。アメリカが原産地

❹ ちょうじゅうろう
梨。明治のころ、当麻長十郎が栽培

❺ こうすい
梨。戦後、静岡県で誕生

❻ しばいぬ・しばけん
小型の日本犬

❼ はくとう
桃。文字どおり白い桃

❽ とうてんこう
鶏。鳴き声が長い

❾ わきん
金魚。鮒に似ている

❿ げっかびじん
仙人掌。夏の夜に白い花が咲く

❶ そめいよしの
桜。江戸染井の植木屋がつくった

❷ でめきん
金魚。目が突き出ている

❸ こっこう
林檎。果皮は赤黄色

❹ にしきごい
鯉。色が美しい。江戸時代から飼育

❺ ふゆう
柿。岐阜県で生まれた

❻ たかさご
桜桃。アメリカ原産

❼ すいみつとう
桃。中国から輸入された

❽ にじっせいき
梨。千葉県で生まれた

❾ ひごい
鯉。赤や白の斑紋がある

❿ やえざくら
桜。花が八重咲き

上級編　さらに手ごわい！

1 蘭鋳
2 唐丸
3 道産子
4 陸奥
5 狆
6 甲斐路
7 豊後
8 甲斐犬
9 頂天眼
10 烏骨鶏

難読編　いよいよ超難問！

1 侘助
2 軍鶏
3 聖護院蕪
4 矮鶏
5 但馬牛
6 烏羽玉
7 会津身不知
8 普賢象
9 比内地鶏
10 吐噶喇馬

← 答えは次のページ

❶ **らんちゅう**
金魚。頭にこぶがある

❷ **とうまる**
鶏。江戸時代に中国から輸入

❸ **どさんこ**
馬。北海道産

❹ **むつ**
林檎。青森県で栽培

❺ **ちん**
奈良時代に中国から渡ってきた犬を改良して生まれた

❻ **かいじ**
葡萄。山梨県で採れる。ほかの品種に、甲州もある

❼ **ぶんご**
梅。大粒で梅干しに最適

❽ **かいいぬ**
犬。山梨県が原産

❾ **ちょうてんがん**
金魚。目が上に突き出ている

❿ **うこっけい**
鶏。古代に中国から輸入

---

❶ **わびすけ**
椿。茶花に使われる

❷ **シャモ**
鶏。闘鶏用。シャム（現・タイ）から渡来

❸ **しょうごいんかぶら**
かぶ。京都の聖護院で生まれた

❹ **チャボ**
鶏。チャンパ（現・ベトナム）から渡来

❺ **たじまうし**
和牛。兵庫県産

❻ **うばたま**
仙人掌。球形をしている

❼ **あいづみしらず**
柿。福島県で採れる渋柿

❽ **ふげんぞう**
桜。室町時代からある品種

❾ **ひないじどり**
鶏。秋田県大館市比(ひ)内町(ないまち)で生産

❿ **とからうま**
馬。鹿児島県吐噶喇(とから)列島の中之島に産する在来馬

◉品種好みの日本人

いつも不思議に思っているのは、車の名前である。同じ会社に、なぜ、あんなにも車の名前が多くあるのか。筆者は、車の名前は品種のようなものではないかと思い当たった。酒の名も品種のようなものだろう。同じ酒造で似た味なのに、名前が違ったりする。米についてもいえる。米は、ささにしき、あきたこまち、ひとめぼれなど、平仮名の世界だが、こんなに多い品種をよく開発したものである。

われわれの祖先は古くから、山に自生する桜を栽培して観賞用の品種をつくりだした。椿や躑躅（つつじ）もそうである。近年は西洋蘭や仙人掌など、たんなる芸（園芸）ではない、芸（芸術）の域に達している。観賞用だけでなく、味覚の分野でも、葡萄、梨、林檎、柿、桃、梅、西瓜など、果物や野菜の品種を数えあげたらきりがない。

日本人は次々に新しい物を欲しがる傾向があるようだ。あるいは、人とは違った物を欲しがるのかもしれない。ちょっとした違いで別の商品として売り出す。車の名の多さ、酒の種類の多さは、日本人の品種好みと共通のものがあるのだろう。

◉金魚の始まりは？

金魚の品種に関しては、中国は大先輩である。以下は、中国の金魚の話である。

晋の時代（三〜五世紀）の人が、廬山の湖の中で赤い色をした鮒を発見したという記録がある。これが金魚の始まりとされる。突然変異した鮒を育てて改良したのが金魚である。現在でも、鮒と金魚の中間形体である金鯽（金色のフナ）が野生しているらしい。

明や清までにさまざまな品種が開発され、現在、中国では二八〇種余りあるともいわれている。日本には十六世紀、イギリスには十七世紀に伝わった。全世界の金魚のふるさとが中国である。

金魚は、色だけでなく、形体の変化が大きい。なかでも頭と眼が奇妙な変わり方をしたのがある。

まず、頭。頭頂に肉のこぶがあるものは鵞頭と呼ばれる。肉のこぶがえらの上まで覆うと獅頭と呼ばれる。日本では獅子頭という。

次は、眼。目玉が飛び出したものは竜眼と呼ばれる。日本の出目金に当たる。目玉が飛び出て九〇度上に向かうものは朝天眼（日本では頂天眼）と呼ばれる。目玉の外側に半透明の大きな水泡があるものは水泡眼と呼ばれる。

獅頭のうち、背びれがなく、体型がずんぐりしたものは虎頭と呼ばれるが、日本の蘭鋳がこれに当たる。虎頭にはいろいろな品種があるが、なかでも体が白く、肉瘤だけは赤く、王の字様を描いたものが珍重されるという。

【魚】

初級編 まずは、小手調べ

❶ 鯉
❷ 鯖
❸ 鯛
❹ 鮒
❺ 鰯
❻ 鰻
❼ 鰺
❽ 鯰
❾ 鮭
❿ 鮎

中級編 ちょっとむずかしい！

❶ 鱈
❷ 鰤
❸ 鱒
❹ 鮫
❺ 鰊
❻ 鱶
❼ 鰈
❽ 鰌
❾ 鮃
❿ 鰹

← 答えは次のページ

❶こい
淡水魚。食用のほか観賞魚

❷さば
海魚。青物の代表

❸たい
海魚。「めでたい」という縁起物

❹ふな
鯉に似た淡水魚。鮒鮨などに用いる

❺いわし
海魚。昔は肥料にした大衆魚

❻うなぎ
深海で生まれ、淡水で育つ魚。蒲焼にする

❼あじ
海魚。刺身にしてもうまい

❽なまず
淡水魚。うろこがなく、ひげがある

❾さけ
海魚。産卵のため川をさかのぼる

❿あゆ
清らかな川に棲む魚

❶たら
大きな海魚。雪国で獲れる

❷ぶり
海魚。名が変わる出世魚の一つ

❸ます
産卵のため、川をさかのぼる海魚。北国で獲れる

❹さめ
海魚。人を食うのもいる

❺にしん
北国に多い海魚。卵はかずのこ

❻ふか
鮫の大きなもの

❼かれい
海魚。体は平たく、目は二つとも右側に寄る

❽どじょう
泥のなかに棲むので泥鰌とも書く。

❾ひらめ
鰈と似た海魚。目は二つとも左側に寄る

❿かつお
海魚。刺身や、わらであぶったタタキがうまい。かつお節の原料

上級編　さらに手ごわい！

1. 鱸
2. 鱚
3. 鯒
4. 鰍
5. 鱧
6. 鰰
7. 鰡
8. 鯊
9. 鮗
10. 鰆

難読編　いよいよ超難問！

1. 鰉
2. 鮭
3. 鰤
4. 𩺊
5. 鱏
6. 鰧
7. 鮸
8. 鱪
9. 𩸽
10. 鱵

答えは次のページ

❶ **すずき**
海魚。名が変わる出世魚の一つ

❷ **きす**
海魚。釣りの対象になる高級魚

❸ **こち**
近海に棲む魚。南国に多い

❹ **かじか**
澄んだ川に棲む小魚。食用になる

❺ **はも**
鰻に似た海魚

❻ **はたはた**
うろこがない海魚。北国で獲れる

❼ **ぼら**
海魚。出世魚の一つ。卵巣をからすみにして食べる

❽ **はぜ**
汽水域などに多く棲む魚。てんぷらにする

❾ **このしろ**
鰯に似た海魚。食用になる

❿ **さわら**
細長い海魚。味は冬が旬

---

❶ **ひがい**
明治天皇が好んだという淡水魚

❷ **むつ**
深海に棲む魚。有明海の鯥五郎とは別

❸ **かます**
細長い海魚。干物にする

❹ **あら**
深海に棲む魚。味は冬が旬

❺ **えい**
ひし形で平たい海魚。毒をもつのもある

❻ **おこぜ**
不格好な形の海魚。有毒

❼ **にべ**
海魚。かまぼこの原料

❽ **しいら**
暖かい海に棲む大魚。塩干しにする

❾ **ほっけ**
海魚。干物や焼き魚にする大衆魚

❿ **さより**
細長い海魚。細魚・針魚とも書く

●日中で違う魚へんの漢字

魚へんの漢字はたくさんあるが、淡水魚の名につけられたものが多い。古代の中国人は海になじみがなかったせいである。

ところが、日本人は海洋民族といってもよいくらいで、海産の魚との付き合いが断然多い。そのため、魚へんの漢字にちぐはぐな現象が起こっている。同じ漢字で、中国では淡水魚、日本では海魚を表すものがある。

鮪…これを日本人はマグロと読んで疑わないが、中国ではチョウザメ。

鮭…日本ではサケだが、中国では本来はフグのことだった。中国のフグは川に棲(せい)息(そく)していたので、のちに河豚と書くようになった。

鱒…日本ではマスだが、純然たるコイ科の淡水魚である。日本には産しない。

鯖…日本ではサバ。中国ではアオウオという淡水魚。

鱧…日本ではハモ、中国ではタイワンドジョウ、またの名はカムルチー。

鱸…日本ではスズキだが、中国では松江鱸(しょうこうろ)というヤマノカミの一種。

ほかにも食い違いが多いが、逆に日本人が誤読したものが中国に渡って、日本と同じになったものもある。鮭は、いまや中国でもサケ、鱒は、中国でもマスである。

◉魚へんなのに魚ではない⁉

生物の分類の仕方は、古代と現代ではかなり違う。漢字による動物分類は大雑把である。たとえば、蝙蝠は現在では哺乳類とされるから、当然、獣へんにすべきところ。しかし、形体や棲息場所によっては、どちらに分類してよいかわからない動物もいる。サンショウウオは魚なのか魚でないのか。現在では両生類だが、古代の人たちは魚に分類した。だから、鯢と書く。鯨も同じ理屈である。タコは蛸とも書くし、鱆とも書く。虫ともいえるし、魚ともいえる。頭足類といってもぴんとこない。漢字をつくった人の感覚が現実にあう。

爬虫類でも、蛇は虫へんだが、鰐は魚へんになっている。このワニはクロコダイルである。アリゲーターは鼉といって、黽（かえる）の仲間と見られていたようだが、実際は爬虫類である。同じ爬虫類でも、龜（亀）は独立した字で書かれる。ところが、スッポンは鼈または鱉と書かれ、魚の仲間扱いもされる。

節足動物では、エビは鰕と書かれていたが、後世には蝦（日本では蛯）と書くようになった。同じ節足動物でも、カブトガニはまだ鱟のままである。

貝類はたいてい虫へんだが、アサリは浅蜊とも鯏とも書く。アワビは鮑または蚫だが、もとは鰒と書いていた。これが本来のアワビを表す漢字であった。

【鳥】

初級編　まずは、小手調べ

❾	❼	❺	❸	❶
鷗	鷲	雀	鶴	鳩
❿	❽	❻	❹	❷
燕	鶯	烏	鷹	鴨

中級編　ちょっとむずかしい！

❾	❼	❺	❸	❶
鳶	隼	鵜	鷺	雁
❿	❽	❻	❹	❷
鸚鵡	鴛鴦	雉	梟	鶉

← 答えは次のページ

❶ **はと**
平和の象徴とされる鳥

❷ **かも**
カルガモを除き、多くが秋にやってくる渡り鳥。食用にされる

❸ **つる**
長寿の鳥とされる

❹ **たか**
猛禽。狩りに使われた

❺ **すずめ**
人間の身近なところに棲み、ときに作物を荒らしたりする小鳥

❻ **からす**
全身真っ黒な鳥。鴉とも書く

❼ **わし**
鋭い爪をもつ猛禽

❽ **うぐいす**
春先に鳴くので春告鳥の異名がある

❾ **かもめ**
羽の色が白い海鳥。ユリカモメやウミネコも同じ仲間

❿ **つばめ**
軒などに巣をつくる渡り鳥

❶ **がん**
秋にやってくる渡り鳥。かりは文学的な呼び名

❷ **うずら**
黄白色と黒色のまだらな小鳥。卵も小さい

❸ **さぎ**
くちばしと足が長く、羽は主に白色

❹ **ふくろう**
木菟に似るが、耳がない。夜間に活動する

❺ **う**
水に潜って魚を獲る水鳥。鵜飼いに使われるのは海鵜

❻ **きじ**
日本の国鳥

❼ **はやぶさ**
飛ぶのが速い猛禽

❽ **おしどり**
仲のよい夫婦にたとえられる

❾ **とび**
空中をゆっくりまわって飛ぶ

❿ **おうむ**
人の言葉をまねる鳥

上級編 さらに手ごわい！

❾	❼	❺	❸	❶
鵲	鸛	鶇	鶲	鴫
❿	❽	❻	❹	❷
鶺鴒	鵙	鶩	鴇	鷽

難読編 いよいよ超難問！

❾	❼	❺	❸	❶
鵥	鷭	鶚	鵯	鷂
❿	❽	❻	❹	❷
翡翠	鷦鷯	鵤	鵆	鶍

← 答えは次のページ

❶しぎ
水辺に棲む渡り鳥

❷うそ
口笛を吹くように鳴く

❸ひわ
雀と同じくらいか小さい渡り鳥

❹とき
絶滅寸前の鳥。朱鷺とも書く

❺つぐみ
冬に日本に渡来する

❻あひる
マガモを飼い育てた家禽(かきん)。家鴨とも書く

❼こうのとり
鶴に似るが、翼と口は黒色

❽もず
くちばしの鋭い猛禽。百舌とも書く

❾かささぎ
烏(からす)に似た鳥。中国では縁起物とされている

❿せきれい
水辺に棲む小鳥。尾を上下に動かす

---

❶ひたき
火打ち石を打つような鳴き声を出す鳥

❷いすか
くちばしの先が食い違っている。交喙とも書く

❸ひよどり
やかましい声で鳴く鳥

❹ちどり
水辺に棲み、じぐざぐに歩く鳥。千鳥とも書く

❺みさご
水辺に棲み、急降下して魚を捕る鳥

❻いかる
山林に棲み、美声で鳴く鳥。斑鳩とも書く。いかるがは古名

❼ばん
鳴き声は人が笑うよう

❽みそさざい
短い尾を立て、大きな美声でさえずる鳥

❾かけす
ほかの鳥の声を聞き分けてまねる。懸巣とも書く

❿かわせみ
水辺に棲み、魚を捕る。色と姿が美しい

◉不如帰の字源・語源は？

日本語のホトトギスは奇妙な名だが、語源学者の説によると、ホトトギは擬音語で、スはカケス、ウグイスのように小鳥につける接尾語だという。

ホトトギとは妙な鳴き方だが、鳥の鳴き声は、人によって、民族によって、いろいろに聞こえるものらしい。多くの日本人はホトトギスの鳴き声を特許許可局とか、テッペンカケタカと聞いたようである。

ホトトギスを漢字一字で書くと鵑である。ただし、普通は杜鵑と二字で書く。鵑の左側が音符になっていて、これが擬音語を表す。中国人にはクエンというふうに聞こえたらしい。クイ（またはキ、ケイ）のような音にも聞こえたらしくて、ホトトギスを表す異名に残っている。一つは子規（しき）。この規（中国語ではクイ）は擬音語に由来する。もう一つは不如帰。中国語で読むとプールークイ。全体が擬音語ともいえるが、クイだけでも擬音語からきている。

ホトトギスは血を吐かんばかりの悲しげな声で鳴くとされる。こんなところから、ホトトギス伝説（古代中国の説話）が生まれたらしい。

蜀（しょく）（現・四川省）に杜宇（とう）（望帝（ぼうてい））という王がいた。大臣の妻と姦通したため追放された。しかし、春になると鳥に変身し、故郷に帰りたいと鳴くという。こんな粗筋（あらすじ）だが、クイという鳴き声から帰という意味をとり、こんな話をこじつけたとも考えられる。ホトトギスを杜鵑と書くわけも、この伝説と関係がある。

●ツバメを表す漢字は？

一つの名(言葉)に一つの漢字がつくのが普通である。一つの漢字がつかないのもある。その場合は、二字熟語、三字熟語などになる。ツバメは贅沢なことに三つの漢字をもっていた。

燕(えん)。これがツバメを表す普通の漢字で、ツバメの全形を描いた象形文字である。

また、乙(あつ)という字があって、これが変形して乙となり、鳥へんをつけて鳦(つばめ)となった。乙鳥(いっちょう)と二字熟語にすることもある。

乙がさらに変形すると、乳の右側になる。「孚(子を育てる)＋乚」の組み合わせで、子を育てるちちを表す。古代中国では、ツバメは子育てのシンボルとされたからである。

巂(けい)という字もツバメを表す。「屮(頭)＋隹(とり)＋冏(しっぽ)」の組み合わせで、ツバメのしっぽに着目した。ツバメのしっぽは「∧」のような形をしている。そこで、巂を使って、「∧の形に物をひっかけてもつ」(たずさえる)を意味する攜(略して携)の字が生まれた。携帯の携には、こんな古い由来があった。

【虫】

初級編　まずは、小手調べ

❾	❼	❺	❸	❶
蛾	蝶	蚕	蛍	蚊
❿	❽	❻	❹	❷
蛙	蟹	蛇	蟻	蜂

中級編　ちょっとむずかしい！

❾	❼	❺	❸	❶
蚤	蛆	蠅	蝮	蟬
❿	❽	❻	❹	❷
蜻蛉	牡蠣	蛤	蜆	虱

← 答えは次のページ

注）節足動物（昆虫類など）に属さないものもふくむ。

❶ **か**
人畜の血を吸う昆虫

❷ **はち**
多く毒針をもつ昆虫

❸ **ほたる**
発光器をもつ昆虫

❹ **あり**
集団生活をする昆虫

❺ **かいこ**
カイコガの幼虫。繭からシルクを吐く

❻ **へび**
細長い爬虫類

❼ **ちょう**
羽に美しい文様がある昆虫

❽ **かに**
水辺に棲み、横に歩く甲殻類

❾ **が**
蝶に似るが、おもに夜に活動する昆虫

❿ **かえる**
水辺に棲む両生類

---

❶ **せみ**
木にとまって鳴く昆虫

❷ **しらみ**
人畜の血を吸う昆虫

❸ **まむし**
毒蛇の一種

❹ **しじみ**
淡水に棲む貝の一種。味噌汁の具などにする

❺ **はえ**
食べ物にたかる昆虫

❻ **はまぐり**
海産の二枚貝。時雨煮などにする

❼ **うじ**
蝿や蜂の幼虫

❽ **かき**
岩につく二枚貝。食用または薬用になる

❾ **のみ**
人畜の血を吸う昆虫

❿ **とんぼ**
薄い羽をもち、すいすいと飛ぶ昆虫

上級編 さらに手ごわい！

❾	❼	❺	❸	❶
蚋	蠍	虻	蝗	蛭

❿	❽	❻	❹	❷
蜘蛛	蝸牛	蚯蚓	蝦蟇	蜷

難読編 いよいよ超難問！

❾	❼	❺	❸	❶
蜥蜴	蟋蟀	蜻蜓	蟷螂	蜩

❿	❽	❻	❹	❷
硨磲	蚰蜒	螻蛄	栄螺	蛞蝓

← 答えは次のページ

注）節足動物（昆虫類など）に属さないものもふくむ。

❶ **ひる**
人畜の血を吸う虫

❷ **にな**
淡水産の巻貝の一つ

❸ **いなご**
ばったの一種。稲の害虫

❹ **がま**
皮膚にいぼのある蛙。ひきがえる

❺ **あぶ**
人畜の血を吸う昆虫

❻ **みみず**
土中に棲む細長い虫。釣りの餌（えさ）に用いる

❼ **さそり**
毒針をもつ節足動物

❽ **かたつむり**
陸に棲む巻貝の一つ

❾ **ぶよ・ぶと**
蚊に似て人畜の血を吸う昆虫

❿ **くも**
糸を吐いて巣をつくる節足動物

---

❶ **ひぐらし**
せみの一種。日暮れにかなかなと鳴く

❷ **なめくじ**
蝸牛（かたつむり）に似た軟体動物

❸ **かまきり**
前足が鎌に似た昆虫

❹ **さざえ**
海産の巻貝。つぼ焼きなどにする

❺ **やんま**
蜻蛉（とんぼ）の大型のもの

❻ **けら**
夜、灯火に集まる昆虫。昼は土中に棲む

❼ **こおろぎ**
秋の夜に美声で鳴く昆虫

❽ **げじげじ**
百足（むかで）に似た節足動物

❾ **とかげ**
尾が切れても再生する爬虫類

❿ **しゃこ**
海産の大きな二枚貝。七宝（しっぽう）の一つ

●漢字の造字原理とは？

漢字は、さまざまな記号から構成されている。このような記号は、具体的な物を描いたケースが多い。ある言葉の意味を表すため、具体的な物のイメージを借りるのである。例をあげると、さわぐという意味は騒という漢字で表記されるが、なぜ、「馬＋蚤」なのか。蚤は虫の「のみ」を表す漢字であるが、これをイメージ記号として利用するのである。

のみは掻（かく）という字にも利用されるように、ひっかく虫というイメージである。のみにひっかかれると、ひっかかれるほうはいらだつ。いらだつと行動にも出る。馬もいらだつことがある。いらだつと前足をひっかいて騒ぐ。このような具体的な場面を想像して、「馬＋蚤」を合わせた騒（本来は騷と書いた）で、さわぐを表記するのである。このように、抽象的な意味を表すために、具体的な、何かある物を利用する――これが中国人の考えた漢字の造字原理である。虫もなかなかに漢字の構成に一役買っているわけだ。

ほかに、「濁」の旁（右側の要素）の蜀も、ある種の虫である。何かというと、あおむしの類である。蝶になる前のあおむしは木の葉にとりついて、ひたすら葉を食べている。この虫の特徴である、ものにとりつく、とりついて離れないというイメージに着目する。川などの水が濁るのは土砂が混入しているからで、ここにもとりついて離れないというイメージは共通する。だから、にごるを「水＋蜀」で表記するのである。

辰は蜃という字と関係があり、はまぐりをかたどっている。しかも、はまぐりがぺろぺろと舌を出しているように見える場面である。これをイメージ記号として利用すると、弾力性があってふるえ動くというイメージを表すことができる。振（ふる）や震（ふるえる）がこの記号をもつのが納得できるだろう。女性が胎児をみごもったら、胎児はやはり動く。だから、妊娠の娠も、この記号からできている。

●ジガバチの語源は?

漢字で書くと、似我蜂である。似我は、我に似ると読める。これはどういう意味か。ジガバチはあおむしなどを麻痺させて巣に運び入れ、生まれた幼虫に餌として与える。古人はこれを観察して、こう考えた。巣の中のあおむし（螟蛉）に「我に似よ」とまじないをかけると、やがて、あおむしはジガバチに成長するのだと。

こんなまちがった観察から出た言葉が、似我蜂という名であった。たぶん、ジガというのは、この蜂の羽音であろう。これを似我という意味にとり、とうとうあおむしを養子にする説話が生まれたと推測される。

【獣】

初級編 まずは、小手調べ

1. 狸
2. 犀
3. 狐
4. 山羊
5. 狼
6. 驢馬
7. 豹
8. 騾馬
9. 猪
10. 駱駝

中級編 ちょっとむずかしい！

1. 羆
2. 海豚
3. 貘
4. 儒艮
5. 狒狒
6. 栗鼠
7. 食蟻獣
8. 高麗鼠
9. 縞馬
10. 白鼻心

← 答えは次のページ

❶ **たぬき**
イヌ科の獣。人を化かすとされた

❷ **さい**
皮膚の堅い、角をもつ巨大な獣

❸ **きつね**
イヌ科。尾が長くて太い獣

❹ **やぎ**
ウシ科。羊に似ているが、あごにひげがある

❺ **おおかみ**
イヌ科。日本では絶滅

❻ **ろば**
ウマ科。耳が長い

❼ **ひょう**
ネコ科。黒い斑紋がある獣

❽ **らば**
雄の驢馬（ろば）と雌の馬の雑種

❾ **いのしし**
犬歯が鋭く外に出ている獣

❿ **らくだ**
砂漠地帯で運搬用に使われる獣

---

❶ **ひぐま**
大形の熊。北海道に棲息（せいそく）

❷ **いるか**
鯨に似た海獣。知能が発達しているという

❸ **ばく**
体形が犀（さい）に似た獣

❹ **じゅごん**
海に棲（す）む哺乳類。人魚のモデル

❺ **ひひ**
大形の猿の一種。唇が突き出ている

❻ **りす**
山林に棲み、木の実を食べる小獣

❼ **ありくい**
蟻を食べる中南米産の哺乳（ほにゅう）類

❽ **こまねずみ**
鼠の一種。よく動きまわる

❾ **しまうま**
アフリカ産の馬の一種

❿ **はくびしん**
ジャコウネコ科。顔の真ん中に白い筋がある

上級編 さらに手ごわい！

❶	❷	❸	❹	❺	❻	❼	❽	❾	❿
土竜	蝙蝠	大熊猫	氈鹿	貂	馴鹿	獺	麝香鹿	鼬	膃肭臍

難読編 いよいよ超難問！

❶	❷	❸	❹	❺	❻	❼	❽	❾	❿
蝟	胡獱	豪猪	海驢	猟虎	鼯鼠	海豹	犰狳	海象	更格盧

← 答えは次のページ

❶ **もぐら**
土中に棲息する小獣

❷ **こうもり**
翼があり、空を飛ぶ

❸ **パンダ・ジャイアントパンダ**
クマ科。中国に棲息する珍獣

❹ **かもしか**
ウシ科。鋭い角がある

❺ **てん**
イタチ科。毛皮は高級品

❻ **トナカイ**
鹿に似た大形の獣。枝分かれした角がある

❼ **かわうそ**
水辺に棲む小獣。人をだますとされた

❽ **じゃこうじか**
鹿の一種。麝香が採れる

❾ **いたち**
危険にあうと悪臭を放つ

❿ **オットセイ**
アシカ科。北海に棲息

❶ **はりねずみ**
針のような毛をもつ小獣

❷ **とど**
アシカ科の大形の海獣

❸ **やまあらし**
敵に遭遇すると背中の毛を逆立てる

❹ **あしか**
オットセイに似るが、それより大きな海獣

❺ **ラッコ**
イタチ科の海獣。足に水かきがある

❻ **むささび**
リス科。皮膜で滑空する

❼ **あざらし**
北海に棲息する海獣

❽ **アルマジロ**
堅い甲(よろい)でおおわれた哺乳類

❾ **セイウチ**
北海に棲息する大形の海獣

❿ **カンガルー**
オーストラリアを中心に分布する獣。よく跳躍する

◉奇妙な獣たち

うろたえることを狼狽（ろうばい）という。狼はオオカミだが、古人の説によると、狽もオオカミの一種だという。ただし、狼とは体形が違う。前足が短く、後ろ足が長いため、まともに歩くことができず、狼の背中に足をかけて歩く。もし、足がはずれると、よろけてしまう。だから、うろたえることを狼狽といい、ぐるになって悪さをするという意味で使われた。ほんとうにこんな奇妙なオオカミがいたのだろうか。

中国の動物園に行ったとき、「馬鹿」と書かれた檻（おり）があった。ちょっと笑えたが、ほんとうにこんな動物がいるので驚いた。馬のようで馬ではない、鹿のようで鹿ではないということかと思ったが、実際は鹿の仲間らしい。昔、秦（しん）の時代、宦官（かんがん）の趙高（ちょうこう）が権力を奪うため、始皇帝の息子を試す話がある。鹿をもってきて「馬です」と言い、無理やりに認めさせたという。それで臣下たちは恐れをなし、趙高に従うようになった。ところで、ほんとうの鹿を馬だとこじつけるのはむずかしいから、馬鹿という動物が使われたのではないかというのが、筆者の推理である。

四つの動物に似ているが、どれでもないという珍獣が中国にいる。名は四不像（しふぞう）（四つ似ないという意味）である。ひずめは牛に似ているが牛ではない、頭は馬に似ているが馬ではない、角は鹿に似ているが鹿ではない、体は驢馬（ろば）に似ているが驢馬ではない。古名は麋鹿というので、実際は鹿の仲間だが、体形がいかにも奇妙である。野生種は絶滅し、いまは動物園で飼育されて、わずかに生き残っている。

空想的な動物に廌というのがある。薦という漢字を構成するくらいだから、知っておく必要のある獣である。字は上部が鹿と似ており、下部が馬と似ているが、もちろん鹿でも馬でもない。この獣は、人の罪を判別するという神秘的な能力をもつとされた。裁判にかけられた人がもし有罪なら、その人を角で突くという。日本には「盟神探湯」という方法があり、湯の中に手を突っ込ませ、やけどをすると有罪、やけどをしないと無罪とした。獣を使うのも似たもので、一種の神判である。ところで、推薦の薦は、もともと、この獣にさしあげる草ということであった。薦被りの薦は草と関係がある。一般には、(神前に供えて)すすめるという意味で使っている。

ついでに、ほかの空想動物も紹介しよう。贔屓は、じつは亀の形をした空想動物の名であった。力持ちで、重いものによく堪えるので、墓石などを背負う台座をこの動物の形にかたどる。ぺしゃんこに押し下げられたグロテスクな格好は、蝦蟇のようでもある。蝦蟇をひきがえるともいうが、この「ひき」はまさに贔屓ではないか(贔屓の本来の音はヒキ)。国語辞典では、気で虫を引き取るから「ひき」だとあるが、形の類似から贔屓がひきがえるの「ひき」になったと、筆者は考えている。

#【歴史人物】

初級編 まずは、小手調べ

❶ 千姫	❷ 柳生十兵衛
❸ 坂本竜馬	❹ 真田幸村
❺ 天一坊	❻ 野口英世
❼ 平賀源内	❽ 淀君
❾ 有島武郎	❿ 森蘭丸

中級編 ちょっとむずかしい！

❶ 太宰治	❷ 沖田総司
❸ 阪東妻三郎	❹ 佐久間象山
❺ 山本五十六	❻ 伊能忠敬
❼ 近藤勇	❽ 葛飾北斎
❾ 天草四郎時貞	❿ 豊臣秀頼

← 答えは次のページ

❶ せんひめ
豊臣秀頼の妻。大坂城落城後、天寿をまっとうした（六十九歳）

❷ やぎゅうじゅうべえ
江戸期の剣客。鷹狩の最中に急死（四十三歳）

❸ さかもとりょうま
薩長同盟締結の立役者。京都見廻組に暗殺された（三十二歳）

❹ さなだゆきむら
兵法家。大坂夏の陣で討ち死に（四十八歳）

❺ てんいちぼう
徳川吉宗の落胤（らくいん）と詐称し、獄門台の露と消えた（三十歳）

❻ のぐちひでよ
細菌学者。みずから発見した黄熱病により死亡（五十二歳）

❼ ひらがげんない
万能の天才だったが、殺人を犯し牢死（五十二歳）

❽ よどぎみ
豊臣秀吉の妻。美貌と権勢を誇るも夏の陣で焼死（四十八歳）

❾ ありしまたけお
小説家。女性記者と心中（四十五歳）

❿ もりらんまる
織田信長の小姓。本能寺の変で討ち死に（十七歳）

❶ だざいおさむ
小説家。愛人と入水（じゅすい）自殺（三十九歳）

❷ おきたそうじ
新撰組の一番隊隊長。維新後、逃亡の途中に病死（二十四歳）

❸ ばんどうつまさぶろう
映画俳優。阪妻（ばんつま）の愛称で一世を風靡（ふうび）。病死（五十二歳）

❹ さくましょうざん
幕末の思想家。開国論者。攘夷（じょうい）派に暗殺された（五十三歳）

❺ やまもといそろく
連合艦隊司令長官。米軍機に撃墜され死亡（五十九歳）

❻ いのうただたか
名主を隠退後、学問を志し、日本全図を完成。大往生（七十三歳）

❼ こんどういさみ
新撰組局長。尊攘派の志士を弾圧。官軍に敗れて斬首（三十四歳）

❽ かつしかほくさい
浮世絵師。七十四歳で「富嶽百景」を描く。大往生（八十九歳）

❾ あまくさしろうときさだ
キリシタン信徒の首領となり、島原の乱で討ち死に（十七歳）

❿ とよとみひでより
秀吉の後を継いだが悲劇的な最期を遂げる（二十二歳）

注）（　）内は死亡年齢

上級編　さらに手ごわい！

❶ 徳川慶喜
❷ 由比正雪
❸ 種田山頭火
❹ 田沼意次
❺ 鑑真
❻ 出口王仁三郎
❼ 木戸孝允
❽ 森有礼
❾ 源実朝
❿ 島津斉彬

難読編　いよいよ超難問！

❶ 大石主税
❷ 土方歳三
❸ 犬養毅
❹ 浅野内匠頭長矩
❺ 小山内薫
❻ 吉良上野介義央
❼ 相楽総三
❽ 山下奉文
❾ 楠木正行
❿ 川路聖謨

← 答えは次のページ

❶ とくがわよしのぶ
江戸幕府最後の将軍。天寿をまっとうした（七十六歳）

❷ ゆいしょうせつ
軍学家。倒幕の陰謀が発覚し自害（四十六歳）

❸ たねださんとうか
放浪の俳人。草庵で病死（五十八歳）

❹ たぬまおきつぐ
将軍家治のとき老中となり、田沼時代を築く。のち病死（六十九歳）

❺ がんじん
日本に律宗を伝えた唐の高僧。結跏趺坐（けっかふざ）のまま成仏（七十五歳）

❻ でぐちお(わ)にさぶろう
大本教の教祖。弾圧を受けたが、戦後に無罪。病死（七十七歳）

❼ きどたかよし
志士のころの名は桂小五郎。維新三傑の一人。病没（四十四歳）

❽ もりありのり
最初の文部大臣。国粋主義者により暗殺された（四十二歳）

❾ みなもとのさねとも
歌人。鎌倉幕府三代将軍。権力争いにより暗殺された（二十七歳）

❿ しまづなりあきら
幕末の開明的な薩摩藩主。大軍を率いて上洛直前に病死（四十九歳）

❶ おおいしちから
内蔵助（くらのすけ）の子。討ち入りに参加し切腹（十五歳）

❷ ひじかたとしぞう
新撰組副長。五稜郭で戦死（三十四歳）

❸ いぬかいつよし
政治家。五・一五事件で青年将校らに暗殺された（七十七歳）

❹ あさのたくみのかみながのり
江戸城松の廊下での刃傷（にんじょう）事件で切腹（三十四歳）

❺ おさないかおる
日本の演劇革新の先駆者。上演記念会の席上、急死（四十七歳）

❻ きらこうずけのすけよしなか
四十七士に討たれる（六十一歳）

❼ さがらそうぞう
幕末の志士。赤報隊を組織し、官軍の先鋒となるも処刑（二十九歳）

❽ やましたともゆき
陸軍大将。第二次大戦後、戦犯としてマニラで処刑（六十一歳）

❾ くすのきまさつら
正成（まさしげ）の子。南朝軍の武将として戦うも敗死（二十二歳）

❿ かわじとしあきら
幕末の官吏。ロシア使節と交渉。江戸開城後、自決（六十七歳）

注）（　）内は死亡年齢

◉印象に残る臨終の言葉

ここに掲げた歴史人物は、山田風太郎の『人間臨終図巻』（全三巻、徳間文庫）に載せられているものである。死亡年齢と死に方は同書から引用させてもらった。風太郎は奇想天外な忍者もので一世を風靡したが、室町ものや明治ものなど、歴史人物を扱った作品も多い。晩年は『半身棺桶』や『あと千回の晩飯』など、死に関するエッセーを書いている。なかでも『人間臨終図巻』は、あっと驚かせる発想の本である。

人間だれしも死ぬものだが、自分の死についてはあまり深く考えないようだ。むしろ遠い彼方の出来事のように感じている。実感がわかない。しかし、この本を読むと、自分もやがて死ぬのだということがはっきりわかる。他人の死を知ることで、自分の死を自覚するのである。身につまされる思いがする。それなのに、他人の死を読むことが、なぜ、こんなにもおもしろいのか。歴史的偉人も、死においてはわれわれ庶民と平等なのだということがわかるからかもしれない。

三十四歳で肺結核で死んだ織田作之助の臨終の言葉は、「お前（注＝夫人）に思いが残って、死にきれない」だったという。長年病床に臥せ、三十五歳で死んだ正岡子規の最期は、「激痛のため身体を動かすことも出来ず、全身は脊椎カリエスの膿と、おむつの便でひどい臭気を発していた。最後には、むくみが来て、痩せ細っていた足は、水死人のごとくふくれあがった」という悲惨なものであった。

社会主義者の荒畑寒村は九十四歳で亡くなるが、痰詰まりで喉に穴を開けられ、苦痛のため暴れるのを無理やり押さえつけられたという。

「残り少ない余命の死が、残り多い余命の死と、苦痛において同量だとは」――これは風太郎の死に関する格言。

どんな長寿者にも、神は死に際に対して手心を加えない。

風太郎の死についての格言、あるいは警句は、なかなか味わい深い。いくつか紹介しよう。

「死をはじめて想う。それを青春という」（二十代で死んだ人々）

「同じ夜に何千人死のうと、人はただひとりで死んでゆく」（三十二歳で死んだ人々）

「みんないう。――いつか死ぬことはわかっている。しかし、『今』死にたくないのだ」（五十六歳で死んだ人々）

「自分の死は地球より重い。他人の死は犬の死より軽い」（六十三歳で死んだ人々）

「人は、忘れられて死んだほうが幸福である。なぜなら、彼はもう音もなく死んでいるのだから」（百代で死んだ人々）

【架空人物】

初級編 まずは、小手調べ

❶ 乙姫
❷ 浦島太郎
❸ 織姫
❹ 安寿姫
❺ 伏姫
❻ 虎御前
❼ 瓜子姫
❽ 一心太助
❾ 光源氏
❿ 袈裟御前

中級編 ちょっとむずかしい！

❶ 玉依姫
❷ 児雷也
❸ 物臭太郎
❹ 小原庄助
❺ 霧隠才蔵
❻ 衣通姫
❼ 玉藻前
❽ 末摘花
❾ 左甚五郎
❿ 月形半平太

← 答えは次のページ

❶ **おとひめ**
竜宮城に住むお姫さま

❷ **うらしまたろう**
漁師の名。竜宮城に行く

❸ **おりひめ**
七夕伝説の主人公の一人

❹ **あんじゅひめ**
陸奥太守（むつたいしゅ）の娘。弟の厨子王（ずしおう）とともに山椒（さんしょう）太夫（だゆう）に売られる

❺ **ふせひめ**
犬と結婚し八犬士を産む女性

❻ **とらごぜん**
遊女の名。曽我十郎の愛人

❼ **うりこひめ**
瓜から生まれたお姫さま

❽ **いっしんたすけ**
江戸の魚屋で、大久保彦左衛門の家来

❾ **ひかるげんじ**
『源氏物語』の主人公

❿ **けさごぜん**
源（みなもとの）渡（わたる）の妻。夫の身代わりになる

---

❶ **たまよりび（ひ）め**
神武天皇などの母

❷ **じらいや**
妖術を使う怪盗

❸ **ものぐさたろう**
無精者だが、のちに立身出世する

❹ **おはらしょうすけ**
民謡「会津磐梯山（あいづばんだいさん）」に出てくる遊び人

❺ **きりがくれさいぞう**
忍術遣い。真田十勇士の一人

❻ **そとおりひめ**
衣を通して輝く肌が透けて見える姫君

❼ **たまものまえ**
狐の化身。殺生石（せっしょうせき）になる

❽ **すえつむはな**
『源氏物語』に出てくる醜女（しこめ）の名

❾ **ひだりじんごろう**
神業的な彫刻師。東照宮の眠り猫を彫ったという

❿ **つきがたはんぺいた**
新国劇の当たり役。幕末の志士で剣がめっぽう強い

上級編　さらに手ごわい！

❶ 久米仙人
❷ 弥次郎兵衛
❸ 熊坂長範
❹ 岩見重太郎
❺ 大星由良之助
❻ 雲霧仁左衛門
❼ 平手造酒
❽ 弁天小僧
❾ 曽呂利新左衛門
❿ 和尚吉三

難読編　いよいよ超難問！

❶ 花咲爺
❷ 吉四六
❸ 弟橘媛
❹ 役行者
❺ 天照大神
❻ 酒呑童子
❼ 伊弉冉尊
❽ 真間手児奈
❾ 素戔嗚尊
❿ 木花開耶姫

← 答えは次のページ

❶ くめのせんにん
女の白い足を見て墜落した仙人

❷ やじろべえ
十返舎一九の『東海道中膝栗毛』の主人公の一人

❸ くまさかちょうはん
牛若丸に討たれた盗賊

❹ いわみじゅうたろう
狒々退治をする剣士。後年の薄田隼人とされる

❺ おおぼしゆらのすけ
忠臣蔵の主人公。大石良雄がモデル

❻ くもきりにざえもん
『大岡政談』に出てくる盗賊

❼ ひらてみき
講談に出てくる剣客。やくざの用心棒になる

❽ べんてんこぞう
盗賊。白浪五人男の一人

❾ そろりしんざえもん
秀吉の家来という頓知の達人

❿ おしょうきちさ
盗賊。三人吉三の一人

❶ はなさかじじい
枯れ木に花を咲かせる爺さん

❷ きっちょむ
大分県に伝わる頓知話の主人公

❸ おとたちばなひめ
日本武尊の妃

❹ えんのぎょうじゃ
呪術遣い。修験道の開祖とされる

❺ あまてらすおおみかみ
日本神話で伊弉諾尊の子

❻ しゅてんどうじ
大江山に住む鬼の姿をした怪盗

❼ いざなみのみこと
日本神話で伊弉諾尊の妹で妻

❽ ままのてこな
多くの男に言い寄られて自殺した美女

❾ すさのおのみこと
天照大神の弟

❿ このはなさくやひめ
瓊瓊杵尊の妃

◉架空人物のモデルたち

伝説や物語などに出てくる人物は、架空なのか架空でないのか、微妙なところがある。曽呂利新左衛門は豊臣秀吉のお伽衆だったといわれているが、真偽のほどはわからない。彼の元の職業は鞘師だったという。彼のつくった鞘は見事な出来映えで、そろりと抜けるので曽呂利という異名がついたといわれている。曽呂利新左衛門の頓知話に、こんなのがある。秀吉から褒美をもらうことになり、一日に米粒一個、次は二個、次は四個、次は八個という具合に一カ月間くださいという。秀吉はその無欲に驚いたが、一カ月後、あまりに途方もない米の量に再び驚いたという。

左甚五郎は、講談や落語で活躍する彫刻の名人である。日光東照宮の眠り猫や寛永寺の登り竜を彫ったというが、これは講釈師の創作らしい。では、まったくの架空人物かというと、そうでもなさそうだ。江戸時代のはじめごろに生存していた何人かの大工（彫物師）がモデルになり、名人伝説ができあがったと考えられている。

歌舞伎の忠臣蔵では、大石内蔵助にあたる役名は大星由良之助となっている。浅野内匠頭は塩谷判官、吉良上野介は高師直である。舞台背景も室町時代になっている。忠臣蔵の芝居は事件とほぼ同時代だったので、憚って名も変えたのであろう。赤穂義士のうち、お軽勘平の話に出てくる早野勘平は萱野三平がモデルである。

また、映画や小説などでおなじみの義士に赤垣源蔵がいるが、これは歌舞伎の役名であり、本名は赤埴源蔵である。映画や小説で本名を使わないのは変な話である。役行者は別名、役小角で、七世紀ごろ、大和国の葛城山に住んでいた呪術師だったという。鬼神を使い、空を飛ぶことができた。弟子に讒言され伊豆に流されたが、夜になると空を飛んで大陸に渡ったそうである。とても実在の人間とは思えない。これもモデルとなった修験者がいるのであろう。

猿飛佐助や霧隠才蔵は、忍者としてあまりにも有名である。ところが、猿飛佐助も架空の人物である。彼らは真田幸村に見出され、幸村のために忠勤を励む。その仲間を真田十勇士といっている。右の二人のほか、三好清海入道と伊三入道の兄弟、穴山小助、海野六郎、根津甚八などがいる。彼らのうち何人かは史書の類に登場するらしいが、たいてい架空の人物である。

では、いったいだれがつくったのか。明治から大正にかけて立川文庫が刊行された。これは講談を集めた本で、作者は講釈師の玉田玉秀斎らである。このシリーズの一つに猿飛佐助があった。要するに、猿飛佐助や霧隠才蔵は講釈師の創作であった。ただ、猿飛佐助にはちゃんとモデルがあった。彼の有名な中国古典小説『西遊記』の主人公、孫悟空である。孫悟空は空も飛べる超能力の猿である。これをモデルにして、奇想天外な活躍を見せる忍術遣い、猿飛が生まれたのであった。

【妖怪】

初級編　まずは、小手調べ

❶ 鬼
❷ 犬神
❸ 人魚
❹ 海坊主
❺ 雨女
❻ 狐火
❼ 猫又
❽ 火車
❾ 山彦
❿ 一目小僧

中級編　ちょっとむずかしい！

❶ 河童
❷ 狼男
❸ 雪男
❹ 妖精
❺ 天狗
❻ 大魔神
❼ 狛犬
❽ 土蜘蛛
❾ 座敷童子
❿ 天邪鬼

← 答えは次のページ

❶ **おに**
恐ろしい姿をした怪物

❷ **いぬがみ**
人に憑く犬

❸ **にんぎょ**
上半身は人間（女）、下半身は魚の姿をした想像上の生物

❹ **うみぼうず**
海上に出現する妖怪

❺ **あめおんな**
雨を降らせる女の妖怪

❻ **きつねび**
狐が吐く怪しい火

❼ **ねこまた**
尾が二つに分かれた猫の怪物

❽ **かしゃ**
死体を食う妖怪

❾ **やまびこ**
山の神。山の妖怪とも

❿ **ひとつめこぞう**
目が一つの妖怪

❶ **かっぱ**
頭に皿のある、水に棲む妖怪

❷ **おおかみおとこ**
満月の夜に狼に変身する怪物

❸ **ゆきおとこ**
ヒマラヤに棲むといわれる怪物。イェティ

❹ **ようせい**
魔法を使う妖怪

❺ **てんぐ**
鼻が高く、空を飛ぶ妖怪

❻ **だいまじん**
元プロ野球投手、佐々木主浩(かづひろ)の異名。映画のなかでつくられた怪物

❼ **こまいぬ**
獅子に似た怪獣。神社に飾られる

❽ **つちぐも**
地中に棲む蜘蛛の妖怪

❾ **ざしきわらし**
子供の姿をした妖怪

❿ **あまのじゃく**
人に悪さをする小鬼

上級編 さらに手ごわい！

❶ 木霊
❷ 猪八戒
❸ 蟇
❹ 羅刹
❺ 雷獣
❻ 夜叉
❼ 鵺
❽ 一反木綿
❾ 魃
❿ 恙虫

難読編 いよいよ超難問！

❶ 山姥
❷ 百々目鬼
❸ 鎌鼬
❹ 三尸虫
❺ 九尾狐
❻ 姑獲鳥
❼ 僵屍
❽ 轆轤首
❾ 長壁
❿ 魑魅魍魎

← 答えは次のページ

❶ **こだま**
樹木の精霊

❷ **ちょはっかい**
三蔵法師に従う豚の妖怪

❸ **がま**
児雷也(じらいや)が使う妖術に出てくる妖怪

❹ **らせつ**
人肉を食う悪鬼

❺ **らいじゅう**
雷とともに降りてくる怪物

❻ **やしゃ**
恐ろしい鬼神

❼ **ぬえ**
頭は猿、胴は狸、尾は蛇、手足は虎に似る

❽ **いったんもめん**
一反の木綿の姿をした妖怪

❾ **ひでり**
日照りをもたらす悪神

❿ **つつがむし**
人の血を吸う妖怪

❶ **やまんば・やまうば**
人を食う女の妖怪

❷ **どどめき**
腕に一〇〇の目がついた女の妖怪

❸ **かまいたち**
人の皮膚を切る妖怪

❹ **さんしちゅう**
人の腹中に棲み、その人の罪を天帝に告げる三匹の虫

❺ **きゅうびこ**
尾が九つある狐の怪物。九尾の狐ともいう

❻ **うぶめ**
難産で死んだ女の妖怪

❼ **キョンシー**
香港映画に出るお化け

❽ **ろくろくび**
首を長く伸ばし、油をなめる女の妖怪

❾ **おさかべ**
狐の妖怪

❿ **ちみもうりょう**
木や石など自然物の化けた妖怪

●鬼へんの漢字あれこれ

偏（へん）とか旁（つくり）というのは、漢字を構成する要素の一つだが、どんな性質をもった符号か。一般に、漢字は音符と意符から成り立つと解説されているが、音符とは言葉の読み方と、同時に言葉の意味のイメージとかかわる部分である。意符というのは、そんなイメージがどんな意味領域と関係があるかを示す符号で、筆者の用語では限定符号という。

たとえば、清は、青がセイの読み方と汚れがなく澄みきっているというイメージを示し、澄みきっているという現象が存在する分野において、水と関係がある領域に限定するため、水の限定符号をつけて「清」（液体などが澄みきっている）という漢字が生まれた。

世界にはさまざまな意味領域がある。人、木、草、鳥、虫、魚など、これが漢字の偏や旁になる。漢字のおもしろいところは、ちゃんと妖怪の分野も用意されていることだ。鬼へんがこれである。鬼は丸い頭をした怪物として描かれるが、仏教説話に出る「おに」ではない。人間のお化けが鬼である。幽霊もその一つ。

人間には肉体のほかに、目に見えない魂が宿っていると考えられた。これには二つある。死ぬと天に去っていく魂と、骨とともに地に還（かえ）る魂があるという。前者が魂、後者が魄である。こういった魂が浮かばれないと、お化けになるわけだ。自然界にもお化けはいる。木のお化け、石のお化けなど、さまざまなものが妖怪変化になる。これらを総称して魑魅魍魎という。字形を見ただけで恐ろしい感じがする。

●人魚をめぐる話

人魚というのは、非常に古い漢語である。秦の始皇帝が死んで、巨大な墳墓に葬られたが、遺体を守るための自動発射する石弓の仕掛けや、永久に腐らないようにした水銀の海、それらを照らす照明装置が設けられた。照明の原料が人魚の脂であった。ただし、この人魚は半人半魚の怪物ではなく、サンショウウオのようである。

半人半魚の人魚は鮫人と呼ばれた。南海に棲んで、機織りをしていて、ときどき流す涙が真珠になるという。後世の人魚と同じように女性しかいない。

なぜ、人魚は女性が多いのか。人魚のモデルは儒艮やマナティといわれるが、いかにもふくよかな姿は女性的なイメージである。ちなみに、岩井俊二の『ウォーレスの人魚』には、男性の人魚も登場する。一世紀ほど前、生物学者のウォーレスが発見したという中国の人魚が生き残っていたという怪奇小説である。人間と混血し、純粋の人魚は絶滅していたが、最後の生き残りも海に帰っていくというお話。

【武器・戦闘】

初級編 まずは、小手調べ

⑨	⑦	⑤	③	①
先鋒	青竜刀	竹刀	槍	得物
⑩	⑧	⑥	④	②
零戦	凱旋門	前哨戦	白兵戦	防空壕

中級編 ちょっとむずかしい！

⑨	⑦	⑤	③	①
強弓	十手	散華	牙城	雑兵
⑩	⑧	⑥	④	②
長脇差	初陣	手榴弾	焼夷弾	橋頭堡

← 答えは次のページ

❶ えもの　武器
❷ ぼうくうごう　空襲から身を守るために掘った穴や溝
❸ やり　長い柄の先に刃をつけた武器
❹ はくへいせん　敵味方が刀や槍などを抜いて戦う接近戦
❺ しない　練習に使う竹製の刀
❻ ぜんしょうせん　本格的な戦争の前の小規模な戦闘
❼ せいりゅうとう　幅の広い中国の刀
❽ がいせんもん　戦勝を記念する門
❾ せんぽう　先頭に立つ部隊
❿ ゼロせん　旧日本海軍の戦闘機

❶ ぞうひょう　地位の低い兵
❷ きょうとうほ　上陸するための拠点
❸ がじょう　主将が居る城
❹ しょういだん　物を焼き払う爆弾
❺ さんげ　戦死の美称
❻ しゅりゅうだん　手で投げる爆弾
❼ じって　江戸時代の捕吏（ほり）が持つ武器
❽ ういじん　はじめて戦に出ること
❾ ごうきゅう　張りの強い弓
❿ ながわきざし　侠客などが脇に差す長い刀

上級編　さらに手ごわい！

❶ 麾下
❷ 兵站
❸ 匕首
❹ 輜重
❺ 薙刀
❻ 鉞
❼ 簇
❽ 甲冑
❾ 小柄
❿ 娘子軍

難読編　いよいよ超難問！

❶ 狼煙
❷ 弩
❸ 鯨波
❹ 鏑矢
❺ 吶喊
❻ 殿
❼ 袰
❽ 箙
❾ 鎖帷子
❿ 艟艨

⬅ 答えは次のページ

❶ **きか**
将軍の部下

❷ **へいたん**
軍需品の補給・運送などにあたる機関

❸ **あいくち**
鍔（つば）のない刀

❹ **しちょう**
軍需品

❺ **なぎなた**
敵をなぎ払うのに用いる武器

❻ **まさかり**
斧に似た刃の広い武器

❼ **やじり**
矢の先

❽ **かっちゅう**
よろいとかぶと

❾ **こづか**
小刀の一種

❿ **じょうしぐん**
女性ばかりの軍団

---

❶ **のろし**
煙を高く上げる軍事用の合図

❷ **いしゆみ**
石を発射する弓

❸ **とき**
合戦のはじめに叫ぶ声。鬨（とき）の声

❹ **かぶらや**
飛ぶと鳴る矢

❺ **とっかん**
鬨の声をあげること

❻ **しんがり**
最後尾を守る部隊

❼ **ほろ**
矢を防ぐため背につけた袋

❽ **えびら**
矢を入れる道具

❾ **くさりかたびら**
鎖でつくった防刃用の武具

❿ **どうもう**
軍艦。艨艟とも書く

◉甲の字源は？

武器や戦にまつわる漢字をあげておこう。

甲…日本ではカブトと読むが、本来はよろい。甲は、外側をおおう固いもの（甲羅）を描いた図形。よろいは、まさにその一つ。装甲車の甲も、固いおおいである。

冑…「冃」は「帽」（帽の旧字体）の右上と同じ形で、かぶるもの。だから、冑はカブトと読む。

戈…ほこの象形文字で、ホコと読む。戦・戍（じゅ）（防衛する）・戒（警戒する）・戮（りく）（殺す）など、戦争と関係ある字をつくる。

武…形が少し変わったが、「戈（ほこ）＋止（あし）」からできている。武器を持って行進する情景を図形にしたもの。

兵…形が相当変わったが、「斤（おの）＋廾（両手）」からできている。武器を両手で持つ情景を表したもの。武器、また武器をもつ人（つわもの）を意味する。

軍…「車」に「勹」（周りをぐるりと囲む符号）をつけた字であった。戦車を取り巻く兵士の集団を暗示させる。

陣…陳列の陳の旁（つくり）を車に替えた字。戦車（兵士）を並べた陣地、陣営を暗示させる。

●散華と玉砕の違いは?

ともに戦死することだが、少し違う。散華は仏教用語で、仏の供養をするときに蓮のはなびらを撒き散らす行為をいう。玉砕は、太平洋戦争のときの日本軍が思い出される。この場合の使い方は全滅という意味だ。しかし、玉砕の本来の意味は、玉は美しいものだから、美しく砕け散るという語感がある。つまり、散華に近い。

玉砕は瓦全と対になる言葉である。中国の古典に、「大丈夫、寧ろ玉砕すべし、瓦あに瓦全せんや」という諺がある。大丈夫たるものは節義を重んじるべきで、瓦(つまらないもの)として命をながらえるくらいなら、玉(りっぱなもの)として砕け散って死んだほうがましだという意味。義のために潔く死ぬのが玉砕の本来の意味だが、玉と砕けて散り散りになるという語感から全滅という意味に使うようになった。

●虎の巻の由来は?

中国の兵法書に『六韜』という本がある。伝説では太公望(周の呂尚)が著したという。文韜、武韜、竜韜、虎韜、豹韜、犬韜の六巻からなる。虎韜は、軍用、軍略、動静、略地、火戦などの一二篇からなり、兵法の奥義が記されている。ここから、兵法だけではなく、秘伝や秘訣を記した書物を「虎の巻」というようになった。

【業界用語】

初級編　まずは、小手調べ

❶ お宮
❷ 金星
❸ 害者
❹ 筋注
❺ 識鑑
❻ 陣笠
❼ 土地鑑
❽ 万馬券
❾ 注射
❿ 門前薬局

中級編　ちょっとむずかしい！

❶ 本星
❷ 二枚腰
❸ 鮪
❹ 八耐
❺ 頓死
❻ 内覧会
❼ 書割
❽ 青天井
❾ 押送
❿ 帯番組

← 答えは次のページ

❶ **おみや**
迷宮入り（警察）

❷ **きんぼし**
平幕力士が横綱に勝つこと（相撲）

❸ **がいしゃ**
被害者（警察）

❹ **きんちゅう**
筋肉注射（病院）

❺ **しきかん**
犯人が被害者と面識があること（警察）

❻ **じんがさ**
党の幹部ではない代議士（政界）

❼ **とちかん**
その土地のことをよく知っていること（警察）

❽ **まんばけん**
払い戻しが一〇〇倍以上になる馬券（競馬）

❾ **ちゅうしゃ**
八百長相撲（相撲）

❿ **もんぜんやっきょく**
病院のそばにある薬局（病院）

---

❶ **ほんぼし**
真犯人（警察）

❷ **にまいごし**
粘り強い腰（相撲）

❸ **まぐろ**
轢(れき)死体（警察）

❹ **はちたい**
鈴鹿八時間耐久レース（レース）

❺ **とんし**
突然死（病院）

❻ **ないらんかい**
客を集めて内々に見学させる会（建築）

❼ **かきわり**
描いた背景（芝居）

❽ **あおてんじょう**
株価がどんどん上がること（株式）

❾ **おうそう**
検察庁に容疑者を護送すること（警察）

❿ **おびばんぐみ**
毎日同じ時間帯に放送される番組（テレビ）

上級編 さらに手ごわい!

❶ 一見	❷ 炭団
❸ 清拭	❹ 嫌気
❺ 牛太郎	❻ 十一
❼ 半玉	❽ 井戸塀
❾ 棒鱈	❿ 饅頭

難読編 いよいよ超難問!

❶ 可内	❷ 鮟鱇形
❸ 薩摩守	❹ 重馬場
❺ 廊下鳶	❻ 外連
❼ 法面	❽ 間屋
❾ 外為	❿ 符売屋

← 答えは次のページ

❶ **いちげん**
はじめての客（風俗）

❷ **たどん**
負け。黒星（相撲）

❸ **せいしょく・せいしき**
看護師が患者の体をふいてきれいにすること（病院）

❹ **いやき**
相場の人気が落ちること（株式）

❺ **ぎゅうたろう**
客引き（風俗）

❻ **といち**
十日で一割の利息をとる高利貸し（金融）

❼ **はんぎょく**
半人前の芸者（風俗）

❽ **いどべい**
井戸と塀しか残さない清廉な政治家（政界）

❾ **ぼうだら**
下手な役者（芝居）

❿ **まんじゅう**
死体（警察）

❶ **べくない**
家内（芸能）

❷ **あんこがた**
太ってころころした力士の体型（相撲）

❸ **さつまのかみ**
無賃乗車のこと。薩摩守 平 忠度（たいらのただのり）から（鉄道）

❹ **おもばば**
競馬場で土が湿ったコース（競馬）

❺ **ろうかとんび**
用もないのにうろつく人（風俗）

❻ **けれん**
軽業（かるわざ）的な演出（芝居）

❼ **のりめん**
傾斜地（建築）

❽ **ぶんや**
新聞記者（マスコミ）

❾ **がいため**
外国為替（金融）

❿ **ぶうばいや**
入場券を高く売りつける人。だふ屋（風俗）

●視線と目線の違いは?

目線はテレビ業界から出た言葉で、出演者にカメラのほうを向かせるように指示するとき、「目線をください」という。この目線を視線に置き換えるとどうなるか。「視線をください」だと、カメラやその付近に何かがあって、それに注意を払って見るような指示になるのではないか。しかし、国語辞典を見ると、どの本にも目線は視線の俗語だとある。つまり、目線も視線も同じ意味だというのである。

米原万里の『魔女の一ダース』(読売新聞社)で、ひとみさんという女性がトルコでバスツアーに参加する話がある。ところが、バスの乗客は男ばかり。こんな場面に出くわす。

> ……八〇余の瞳から発せられる強烈な眼差しを感じ続けて、どうしようもなく居心地が悪かった。ひとみが目線をあげると、注がれていた視線が一斉に、ザザザーッとまるで音を立てるようにはずされるのが分かる(傍点は筆者)。

ひとみさんが向けるのは目線、トルコ男たちが注ぐのは視線である。米原万里は二つを区別しているようだ。

対象をじっと見る場合、「視線を浴びせる」という。これを「目線を浴びせる」というとちょっとおかしい。やはり視線と目線は少し違う。

●土地鑑か、土地勘か？

土地鑑は、警察関係から出た言葉である。『大辞泉』には、「その土地の地理・地形・事情などについての知識」とある。漢字表記は、たいていの国語辞典が土地鑑と土地勘の両方を載せている。

推理作家がどの表記を使っているかを調査してみた。乃南アサは土地勘（『凍える牙』）、志水辰夫は土地勘（『行きずりの街』）、西村寿行は土地鑑（『黒猫の眸のほめき』）、宮部みゆきは土地勘（『理由』）も土地鑑（『龍は眠る』）も使っている。作家によってまちまちである。

警察用語に鑑とか識鑑というのがある。鑑とは関係があることで、犯人と被害者の関係が濃厚なことを濃鑑といい、犯人と被害者に面識があることを識鑑というそうである（米川明彦『業界用語辞典』東京堂出版）。だとすると、犯人がその土地と関係があることを土地鑑といったわけである。

以上から、土地鑑という表記はもともと警察の業界用語であり、鑑の代わりに勘と書くのは当て字ということになる。警察用語が流出して一般化されたとき、その土地の知識といった意味に変わり、土地勘という表記が生まれたのだろうというのが筆者の推理である。

【風俗・習慣】

初級編　まずは、小手調べ

❶ 居酒屋
❷ 潮干狩
❸ 行水
❹ 内弟子
❺ 地口
❻ 赤提灯
❼ 縁日
❽ 踏絵
❾ 物日
❿ 祝言

中級編　ちょっとむずかしい！

❶ 白粉
❷ 源氏名
❸ 餞別
❹ 戴帽式
❺ 絵馬
❻ 村八分
❼ 為替
❽ 千羽鶴
❾ 印籠
❿ 岩田帯

← 答えは次のページ

❶ **いざかや** 酒や料理を安い価格で提供する飲み屋

❷ **しおひがり** 潮の引いた干潟や浅瀬で貝などを獲ること

❸ **ぎょうずい** たらいの水や湯で汗を流すこと

❹ **うちでし** 師匠の家に住み込む弟子

❺ **じぐち** 語呂合わせなどによるしゃれ

❻ **あかちょうちん** 一杯飲み屋

❼ **えんにち** 社寺の祭りの日

❽ **ふみえ** キリスト教信者を調べるために踏ませた絵

❾ **ものび** 祝日や祭日

❿ **しゅうげん** 婚礼

❶ **おしろい** 化粧用の白い粉

❷ **げんじな** 遊女の呼び名

❸ **せんべつ** 旅行などをする人に贈る金品

❹ **たいぼうしき** 看護師になる儀式

❺ **えま** 願をかけて神社に奉納する額

❻ **むらはちぶ** 仲間外れにすること

❼ **かわせ** 現金の代わりに小切手などで送金する方法

❽ **せんばづる** 折紙でたくさんの鶴をつくってつないだもの

❾ **いんろう** 昔、薬などを入れて腰に帯びた装身具

❿ **いわたおび** 妊婦が胎児の保護のために腹に巻く布

上級編 さらに手ごわい！

⑨	⑦	⑤	③	①
柏手	丙午	杜氏	鯉幟	綽名
⑩	⑧	⑥	④	②
割烹	産湯	薬玉	三行半	黛

難読編 いよいよ超難問！

⑨	⑦	⑤	③	①
産土神	禊	注連縄	刺青	月代
⑩	⑧	⑥	④	②
婆娑羅	流鏑馬	狐狗狸	経帷子	陰陽道

← 答えは次のページ

❶ **あだな**
ニックネーム。渾名とも書く

❷ **まゆずみ**
眉を描くための墨

❸ **こいのぼり**
鯉の形をした紙や布ののぼり

❹ **みくだりはん**
離縁状

❺ **とうじ**
酒をつくる職人

❻ **くすだま**
割ると紙吹雪などが舞うようにした、お祝い用の装飾品

❼ **ひのえうま**
干支の一つ

❽ **うぶゆ**
生まれたばかりの子を洗う湯

❾ **かしわで**
神を拝むときに手を打つこと

❿ **かっぽう**
日本料理の店

---

❶ **さかやき**
額ぎわを半月状に剃った、その部分。江戸時代以前の男性の髪型

❷ **おんみょうどう**
陰陽五行説で吉凶を判断する術

❸ **いれずみ**
皮膚を刺して墨汁などで表した文様

❹ **きょうかたびら**
死者に着せる衣

❺ **しめなわ**
聖俗の界に張る縄

❻ **こっくり**
文字盤上の物の動き具合から吉凶を占う術

❼ **みそぎ**
穢れを水で清め祓うこと

❽ **やぶさめ**
馬上から鏑矢で的を射る神事

❾ **うぶすながみ**
生まれた土地の守護神

❿ **ばさら**
中世日本で流行した派手なファッション

●鯉の滝登りの由来は？

こどもの日に鯉幟を立てる風習は全国的に広まっているが、これは明治以後のことで、それ以前は江戸町人の風習であったようだ。

五月五日の端午の節句に武家では菖蒲湯をつくり、武具を飾って子供の成長を祝った。菖蒲は尚武の語呂合わせ。それに対抗して、町人は戸外に鯉幟を立てて祝ったという。鯉幟は庶民の子供向けのグッズだった。

なぜ、鯉の幟か。鯉は滝を登ると竜になるとされ、立身出世の象徴とされたからだ。それで鯉幟を立てて子供の成長を祝い、将来の飛躍を願った。幟は登りの語呂合わせ。

しかし、鯉は滝を登ることはないそうである。では、なぜ、鯉の滝登りという説が生まれたのか。一般に、これは中国から伝わったといわれているが、筆者の調べたところでは、中国の登竜門伝説で竜門を登って竜になるのは鯉ではなく、チョウザメになっている。チョウザメを黄鯉魚と書いたテキストもあったため、鯉のことだと早とちりしたのが真相のようである。

江戸時代、平賀源内のコピーで土用の日に鰻の蒲焼を流行させたことがある。鯉幟も案外、源内のようなコピーライターがいて、でっちあげたのではあるまいか。

これは筆者の推測だが、いまさら鯉をチョウザメに戻せと言うつもりはない。

●三猿主義の伝承とは?

「見ざる、聞かざる、言わざる」を表現した猿の像が民具として売られている。これは三猿主義を具象化したもの。では、三つのさるとは何なのか。干支の一つに庚申がある。この申が、三つのさるの根源である。

平安の昔、庚申の日の夜は徹夜するという風習があった。なぜかというと、人間の体内に棲む虫が、この夜に限って、その宿主の悪事を天帝に密告するというのである。密告されるとたまらない。天帝から罰を受けて死を宣告されるおそれもある。それを防ぐために、一晩中寝ないで虫が出ていかないように監視するというわけだ。

庚申の日は徹夜で遊ぶ人もあったが、まじめな人間はひたすら謹慎しただろう。「見ざる、聞かざる、言わざる」を決め込んで、虫を挑発しないようにした。こうすれば身は安全であり、逆に長生きも保証されるというのである。こんな風俗の形骸が三猿の像になって残った。

干支の迷信に関して付言すると、庚申のほかに丙午もある。丙午の年に生まれた女は、気が強く夫を殺すというもの。現代も、この年には結婚や出産が激減するという。庚申は昔の話だが、丙午はまだ生きているから油断ならない。

《犯罪》

初級編 まずは、小手調べ

❶ 強盗
❷ 肉刑
❸ 検屍
❹ 獄門
❺ 詐欺
❻ 白洲
❼ 横領
❽ 冤罪
❾ 幇助
❿ 賄賂

中級編 ちょっとむずかしい！

❶ 寺銭
❷ 心神耗弱
❸ 強姦
❹ 教唆犯
❺ 拉致
❻ 枷
❼ 成敗
❽ 騒擾罪
❾ 間諜
❿ 大逆罪

← 答えは次のページ

❶ ごうとう
他人の物を不法に奪うこと

❷ にくけい
体の一部を損なう刑罰。手足の切断や入れ墨など

❸ けんし
死体を検査すること。検死とも書く

❹ ごくもん
晒し首

❺ さぎ
金品をだまし取ること

❻ しらす
法廷。江戸時代の言葉

❼ おうりょう
他人の物を自分のものにすること

❽ えんざい
無実の罪。濡れ衣

❾ ほうじょ
手助けすること。幇助犯は従犯に同じ

❿ わいろ
職務のうえで贈る不正な金品

❶ てらせん
博打で払う金

❷ しんしんこうじゃく
是非の判断力が弱った精神状態

❸ ごうかん
女性に乱暴すること。レイプ

❹ きょうさはん
他人をそそのかして犯罪にいたらせた者

❺ らち
無理やり連れていくこと

❻ かせ
首や手足にはめる刑具

❼ せいばい
処罰すること

❽ そうじょうざい
多人数で社会を騒がす犯罪。現在は騒乱罪という

❾ かんちょう
スパイの古い言い方

❿ たい(だい)ぎゃくざい
天皇に危害を与えようと謀る犯罪

上級編 さらに手ごわい！

❶	磔
❷	贓物
❸	宮刑
❹	虞犯
❺	賭博
❻	復仇
❼	猥褻
❽	贖罪
❾	欺罔
❿	誣告

難読編 いよいよ超難問！

❶	首魁
❷	腰斬
❸	女犯
❹	蟄居
❺	無辜
❻	強請
❼	梟首
❽	強力犯
❾	掏摸
❿	盟神探湯

← 答えは次のページ

❶ **はりつけ** 罪人を柱にはりつけて殺す刑罰

❷ **ぞうぶつ** 不正に得た財物。盗品

❸ **きゅうけい** 男女ともに生殖機能を奪う刑罰

❹ **ぐはん** 罪を犯すおそれがあること

❺ **とばく** 金品を賭けて勝負事をすること

❻ **ふっきゅう** 報復すること。仇討ち

❼ **わいせつ** 性的にいやらしい感じを与えること

❽ **しょくざい** 金によって罪を償うこと

❾ **きもう** 他人を欺くこと。詐欺。ぎもう、ぎぼうとも読む

❿ **ぶこく** 他人を陥(おとしい)れるために虚偽の内容で人を訴えること

---

❶ **しゅかい** 首謀者。魁は、かしら、首領の意

❷ **ようざん** 昔の中国で、腰を切断する刑

❸ **にょぼん** 僧が女性と交わる罪

❹ **ちっきょ** 門を閉ざして一室で謹慎すること。江戸時代の刑罰の一つ

❺ **むこ** 罪のないこと。辜は罪の意

❻ **ゆすり** 脅して金品を奪うこと

❼ **きょうしゅ** 処刑した罪人の首を木にさらすこと

❽ **ごうりきはん** 暴行や脅迫などの犯罪。知能犯の反対

❾ **すり** 懐(ふところ)から財布などをすりとること（人）

❿ **くかたち・くがたち** 古代、容疑者の手を熱湯に入れ、罪の有無を判定した

●罪と罰はなぜ網がしら？

漢字の罪と罰は、網がしらの字形になっている。それはなぜか。罒は网(あみ)の変形である。网は網の最初の形で、鳥や獣を捕らえる網のことである。

さて、罪は「网＋非」の組み合わせになっている。非は非道、つまり悪事をすること、あるいはそれをする人を示す。網は捕らえる道具だから、結局、罪という図形は、悪いことをした人、犯罪者を捕らえることを暗示させるわけだ。

では、犯人を逮捕するという意味かというと、そうはならない。つみを意味するザイという言葉が先にあり、それを表記するために考案されたのが「网＋非」の罪だ。悪いことをする（つみを犯す）と逮捕されるぞ、という意匠を「罪」という図形にこめただけだ。

罰は、「网＋言＋刀（刂はその変形）」からできている。言は言葉、要するに裁判にかけて判決を下す言葉。刀は刑を行なう道具。したがって、罪人を捕まえて仕置きするありさまが罰という図形で暗示される。

以上のように、網は犯人や罪人を捕まえることの比喩として使われている。法網(ほうもう)という言葉もある。「天網恢々疎(てんもうかいかいそ)にして漏らさず」という諺(ことわざ)もある。網は悪事を働く連中を一網打尽(いちもうだじん)にするものである。

●死刑から生まれた漢字

残酷な刑はいろいろある。首を切るだけでなく、見せしめのために晒し首にする——見るに堪えない残酷さである。これを梟首という。江藤新平は明治政府の司法卿となり、日本の近代的な刑法を定めたが、佐賀の乱を起こした結果、なんと江戸時代の刑法により梟首の刑を受けた。皮肉な話である。

さて、梟首のありさまを描いた漢字がある。県という字である。梟と同音でキョウと読む。首の逆転文字で、首を逆さにぶら下げるありさまを図形化した。県に系を合わせたのが縣で、中間にぶらさげる、かけるという意味を表す（現在は、県で代用）。縣が郡縣の縣という用法に転じたため、かけるは懸で表すようになった。

次に、桀。木の上に二つの足がのっている図形である。樹上に高く掲げるはりつけの模様を示す。磔という字はこれからできている。傑ははりつけとは関係ないが、高く抜きん出て目立つ（傑出）という意味は、原初のイメージが少し残っている。

最後に、辟。「尸（人体、尻）＋口（あな）＋辛（刃物の形）」からできている。刃物で人体解剖をしている図形を示す。晒し首より残酷な支解（体をばらばらにすること）という処刑である。大辟は死刑という意味がある。死刑の権力を握るのは君主だから、辟は、きみという意味にも用いられる。

【隠語】

初級編 まずは、小手調べ

❶ 鉄砲
❷ 箱師
❸ 軟派
❹ 午前様
❺ 愛想
❻ 六一銀行
❼ 白浪
❽ 太公望
❾ 山師
❿ 銀舎利

中級編 ちょっとむずかしい!

❶ 万八
❷ 鼻下長
❸ 赤門
❹ 桜田門
❺ 大虎
❻ 閻魔帳
❼ 事師
❽ 現生
❾ 系図屋
❿ 土左衛門

⬅ 答えは次のページ

❶ **てっぽう**
河豚。当たれば死ぬから

❷ **はこし**
乗り物を専門にする掏摸

❸ **なんぱ**
街頭で男性が女性を誘うこと

❹ **ごぜんさま**
午前零時以後に帰宅する人。御前様のもじり

❺ **あいそ**
「お愛想」のかたちで、飲食店などの勘定を指す

❻ **ろくいちぎんこう**
質屋

❼ **しらなみ**
泥棒

❽ **たいこうぼう**
釣りをする人

❾ **やまし**
詐欺師

❿ **ぎんしゃり**
白飯。舎利は釈迦の遺骨

---

❶ **まんぱち**
嘘つき。万に八つしかほんとうのことを言わないから

❷ **びかちょう**
女に甘い男

❸ **あかもん**
東京大学

❹ **さくらだもん**
警視庁

❺ **おおとら**
前後不覚に酔った人

❻ **えんまちょう**
教師がもつ手帳

❼ **ごとし**
仕事師。やり手

❽ **げんなま**
現金

❾ **けいずや**
盗品を売りさばく人。窩主屋とも書く

❿ **どざえもん**
水死体

上級編　さらに手ごわい！

❶ 山鯨
❷ 夜鷹
❸ 餅代
❹ 大黒
❺ 十八番
❻ 藪井竹庵
❼ 赤螺
❽ 出歯亀
❾ 娑婆
❿ 曖昧屋

難読編　いよいよ超難問！

❶ 蟒
❷ 美人局
❸ 乱波
❹ 香具師
❺ 贅六
❻ 猫糞
❼ 出羽守
❽ 雪洲
❾ 殺陣
❿ 閼伽

← 答えは次のページ

❶やまくじら
猪(いのしし)の肉

❷よたか
江戸時代の私娼

❸もちだい
何かのために使う一時金

❹だいこく
僧侶の妻

❺おはこ・じゅうはちばん
いちばん得意なこと

❻やぶいちくあん
やぶ医者

❼あかにし
けちな人。巻貝が蓋をした形が、財布を開かないように見えるから

❽でばかめ
のぞき見などをする変質者

❾しゃば
刑務所などの外側の世界

❿あいまいや
普通の店を装って売春させる店

❶うわばみ
大酒飲み

❷つつもたせ
愛人を使って、色仕掛けでほかの男をゆすること

❸らっぱ
スパイ。戦国時代に活躍

❹やし
大道で物を売る人

❺ぜいろく
上方人。江戸人がののしっていった語

❻ねこばば
拾い物を届けないで自分のものにすること

❼でわのかみ
何事につけ「…では」と言う人

❽せっしゅ
台などを使って役者の背を高く見せる撮影技法。早川雪洲からきたという

❾たて
斬り合いなどの演技

❿あか
水。もとは仏に供える水。船底にたまる水の場合は淦と書く

◉隠語にはいわれがある

隠語、異名、業界用語は何が違うか。厳密な区別はしにくいが、特定の社会で使われるのは共通している。強いて言えば、本名が別にあれば異名である。異名は一般社会にも広まっている。本名があるなしにかかわらず、露（あらわ）に言いにくい、あるいはわざと隠したいため、別の言い方をするのが隠語である。

隠語の最たるものは、泥棒ややくざなどが世間に知られないように、わざと変わった言い回しをするケースだろう。シカト、アオカンといっても通じない人も多い。しかし、ムショとかショバなど、一般社会に流出したのも多い。

昔は、女房言葉が隠語の発生源の一つであった。ネギはたんにキといったので、ネギのことを一文字（ひともじ）という。同様に「〜文字」をつけると隠語ができる。杓子は杓文字（しゃもじ）、爪楊枝は黒文字（くろもじ）、腰巻は湯文字である。頭に「お」をつけて、おじや、おなか、おなら、おまる、おむつ、おでん、おあし、おかき、おはぎ、おかずなどが生まれたが、もはや隠語ではなく、普通の言葉になっている。女房は宮中の女官であり、彼女たちの造語は後世まで生き残った。

酔っぱらいを虎というのも、女房言葉と関係があるらしい。虎に笹は付き物。女房言葉で酒をササといった。そんなわけで、酒に酔った人を虎といったとか。突然、秘密をあばくのを素破（すっぱ）抜くという。この素破は、戦国時代のスパイのことである。乱破（らっぱ）ともいった。また、盗品を売りさばく人を系図屋という。系図の本来の書き方は、窩主（かしゅ）である。これは古代の中国語で、盗賊の隠れ家という意味。日本では系図買い（系図を買って家系を偽る人）と混同したのだろう。とすると、窩主をケイズと読むのは、系図のハイジャック読み（ほかの漢字の読みを奪う読み方）ということになる。

故事成語のように、逸話からきた隠語もある。太公望は呂尚（りょしょう）のニックネームである。彼は、周の文王とめぐりあうまでは、釣りをしながら時節を待っていた。ついに周の軍師となって殷（いん）を滅亡させ、周の建国に貢献した。太公望を釣り師の隠語にしたのは、江戸の川柳あたりからである。

白浪（しらなみ）は歌舞伎で有名だが、中国の故事成語からきている。もとは白波と書き、ハクハと読んだ。これは山西省の地名で、後漢の末期に盗賊の集団がここを拠点に大暴れした。盗賊といっても国を盗もうという謀反者の一団である。この語が日本に入ると、たんなる泥棒になった。

宋のころ、都に巣くっていた不良たちが、自分の女をおとりにして男をだまし、金品を巻き上げるという手口を編み出したが、それを当時、美人局（びじんきょく）といった。局はわなの意味。これは日本のつつもたせと同じ手口である。だから、つつもたせを美人局と書く。どこでも似た手口が発明されるものらしい。

#【異名】

初級編 まずは、小手調べ

❶ 琉球

❷ 独眼竜

❸ 卒寿

❹ 悪源太

❺ 仙客

❻ 海市

❼ 蔵六

❽ 十八公

❾ 尼将軍

❿ 国色天香

中級編 ちょっとむずかしい！

❶ 緑林

❷ 極月

❸ 扶桑

❹ 閑古鳥

❺ 般若湯

❻ 百花王

❼ 破瓜

❽ 墨水

❾ 赤卒

❿ 白水真人

← 答えは次のページ

❶ **りゅうきゅう**
沖縄。中国の古書に出ていて、最初は流求と書いた

❷ **どくがんりゅう**
伊達政宗。片目の英雄だったから

❸ **そつじゅ**
九十歳。卒の俗字「卆」の文字分析から

❹ **あくげんた**
源　義平（みなもとのよしひら）。合戦で叔父を殺し、こんな異名を奉られた

❺ **せんかく**
鶴。鶴は長寿の鳥で、仙人の乗り物とされた

❻ **かいし**
蜃気楼。海上に市（まち）が映って見えるから

❼ **ぞうろく**
亀。頭と尾と四本の足をしまうから

❽ **じゅうはちこう**
松。松を文字分析すると「十＋八＋公」になる

❾ **あましょうぐん**
北条政子。尼になっても権力をふるった

❿ **こくしょくてんこう**
牡丹。唐のころから中国では牡丹を愛し、国色（国中で一番の美人）にたとえた

---

❶ **りょくりん**
盗賊。漢代、緑林山に無頼の徒が集まった話から

❷ **ごくげつ**
陰暦十二月。極まった月の意

❸ **ふそう**
日本。中国神話で東方の日の出る場所とされる

❹ **かんこどり**
郭公（かっこう）。物寂しい状況を「閑古鳥が鳴く」という

❺ **はんにゃとう**
酒

❻ **ひゃっかおう**
牡丹。唐代、これが大流行してできた異名

❼ **はか**
女性の十六歳、または男性の六十四歳。瓜を破る（分析する）と八十八になる

❽ **ぼくすい**
隅田川。隅を墨に替えて、漢語風に墨水と称する

❾ **せきそつ**
赤蜻蛉。卒は足軽の意。大将は蜻蜓（やんま）か

❿ **はくすいしんじん**
銭。昔の中国で銭を貨泉といい、泉貨を文字分析したもの

上級編 さらに手ごわい!

❶	❷	❸	❹	❺	❻	❼	❽	❾	❿
金烏	虞美人草	玉兎	六花	雪隠	筑紫二郎	蜀魂	月下氷人	芙蓉峰	梁上君子

難読編 いよいよ超難問!

❶	❷	❸	❹	❺	❻	❼	❽	❾	❿
猿面冠者	曼珠沙華	九献	半風子	一豎	袁彦道	烏鷺	爛柯	鬱金香	阿堵物

← 答えは次のページ

❶ **きんう**
太陽。中国神話では三本足の烏が太陽に棲むという

❷ **ぐびじんそう**
ひなげし。項羽の寵姫、虞美人が死後、この花に変身したという

❸ **ぎょくと**
月。月に兎が棲むというのも中国神話からきている

❹ **りっか**
雪。雪の結晶を六弁の花に見立てた

❺ **せっちん**
便所。雪竇山の明覚禅師が霊隠寺の便所掃除をしていた故事から

❻ **つくしじろう**
筑後川。日本三大暴れ川の一つ。ほかに坂東太郎（利根川）、四国三郎（吉野川）

❼ **しょっこん**
不如帰。蜀の望帝の魂がそれに化したという伝説から

❽ **げっかひょうじん**
仲人。月下老と氷人は伝説上の縁結びの神

❾ **ふようほう**
富士山。形が芙蓉（ハス）に似ている。蓮岳ともいう

❿ **りょうじょうのくんし**
泥棒。漢の役人が梁の上に潜んでいた泥棒に説教したという故事から

---

❶ **さるめんかじゃ**
豊臣秀吉。顔が猿に似ていたことから

❷ **まんじゅしゃげ**
彼岸花。梵語で天上に咲く花の意

❸ **くこん**
酒。婚礼で酒を九回さすことから

❹ **はんぷうし**
虱。風の左側半分をとると虱になる

❺ **にじゅ**
病気。病気が二人の子供に変身したという中国の故事から

❻ **えんげんどう**
博打。中国、晋代の博打打ちの名人の名から

❼ **うろ**
碁。烏は黒色、鷺は白色。だから、碁を烏鷺という

❽ **らんか**
碁。碁に見惚れた人の斧の柯が爛れたほど時間が経過したという話から

❾ **うっこんこう**
チューリップ。鬱金はウコンのこと

❿ **あとぶつ**
銭。この物の意。銭というのを嫌った人がこういいかえたという故事から

●物にはなぜ異名がある？

物には、名が二つも三つもあるものもまれではない。それぞれに文脈に応じた使い道があるからだ。とくに、本名があるのにそれを言いたくない、言い換えたほうが引き立つ、奥ゆかしいなど、いろいろな理由から異名が活躍する。

酒の異名は、だいたい隠語からきている。般若湯は坊さんが考案したものだ。酒をひそかに飲むためには、まず名前から隠す必要がある。唐の時代、ある坊さんが酒瓶をもって寺を訪れたので、住職が怒って庭の木に投げつけた。坊さんが般若経を唱えると、再び酒が瓶に戻ったという。ここから般若湯の名が起こった。坊さんの世界では酒の隠語だが、世間に漏れ出すと広く知られ、異名になる。

酒を称えたい場合は、百薬の長、天の美禄、忘憂物、掃愁帚。けなしたい場合は、狂薬、禍泉、腐腸の薬などという。

年齢にも異名がある。人は人生の節目を大切にする。十五歳は志学という。学問を志す年である。これは『論語』に典拠がある。孔子は、人は年齢にふさわしい生き方をすべきだと考え、十五歳のほか、三十歳は独立の年齢とした。これが而立。精神的な確立の年齢は不惑（四十歳）、社会的使命を悟る年齢は知命（五十歳）、精神的な成熟の年齢は耳順（六十歳）とした。なかなか味わいのある年齢の異名である。

祝福したいときの年齢の異名は別にある。六十歳は還暦。干支(えと)は六〇進法で一巡りする。暦が還る(かえる)から還暦。七十歳は古稀。杜甫(とほ)の詩に、「人生七十古来稀(まれ)なり」とあるのからとる。現代は七十歳は普通だが、昔は長寿の部類だった。七十七歳は喜寿(きじゅ)。喜の草書体「㐂」が七十七に読める。八十八歳は米寿(べいじゅ)、米の文字分析から。文字分析の遊びは、卒寿(九十歳)、白寿(九十九歳)、茶寿(百八歳)などにも応用される。

隠語と異名のあいだを追っかけごっこをするのは、便所の異名である。便所の異名は露骨、ストレートな語感を嫌う。便所は文字どおりなので、厠(かわや)、雪隠(せっちん)などという隠語が生まれた(便所よりはこれらが先かもしれない)。

これが異名になると、手水場(ちょうずば)、洗面所、WCなどに替わる。しかし、これも異名になり、トイレ、お手洗い、化粧室などに替わる。いずれこれらも使い古され、イメージの新鮮な言葉にとって替わるだろう。あるデパートでは遠方(えんぽう)というらしいが、外部に漏れないかぎりは隠語のままでありつづけるかもしれない。

新しく生まれた言葉が大っぴらになり、社会問題になった結果、隠語に格下げされたケースがある。前出の狂牛病である。原因不明のときに狂牛病の名がついたが、原因がわかって牛海綿状脳症という医学的病名になった。この時点で狂牛病は異名となったが、狂牛病はイメージが悪いと業者からブーイングが起こり、異名をBSEと記号化したため、狂牛病は異名の座から隠語の座に降りるはめになった。

《小説の主人公》

初級編 まずは、小手調べ

❶	❷	❸	❹	❺	❻	❼	❽	❾	❿
眠狂四郎	松永誠一郎	姿三四郎	玉井金五郎	明智小五郎	浅見光彦	銭形平次	片山義太郎	机竜之助	霧島三郎

中級編 ちょっとむずかしい!

❶	❷	❸	❹	❺	❻	❼	❽	❾	❿
丹下左膳	金田一耕助	仙石文蔵	鮫島警部	藤枝梅安	岬美由紀	雪之丞	関口巽	葵新吾	瀬川丑松

⬅ 答えは次のページ

❶ **ねむりきょうしろう**
柴田錬三郎がつくりあげたニヒルな剣士

❷ **まつながせいいちろう**
隆慶一郎『吉原御免状』で吉原の用心棒を務める天皇の落胤

❸ **すがたさんしろう**
富田常雄『姿三四郎』で矢野正五郎を師とする柔道家

❹ **たまいきんごろう**
火野葦平『花と竜』で沖仲仕を仕切る親分

❺ **あけちこごろう**
江戸川乱歩『D坂の殺人事件』でデビューする名探偵

❻ **あさみみつひこ**
内田康夫がつくりあげた名探偵

❼ **ぜにがたへいじ**
野村胡堂『銭形平次捕物控』に出てくる岡っ引の親分

❽ **かたやまよしたろう**
赤川次郎の「三毛猫ホームズ」シリーズに登場する気の弱い刑事

❾ **つくえりゅうのすけ**
中里介山『大菩薩峠』の主人公

❿ **きりしまさぶろう**
高木彬光『刺青殺人事件』でデビューする検事

---

❶ **たんげさぜん**
林不忘「新版大岡政談・鈴川源十郎の巻」に登場する隻眼隻腕の妖剣士

❷ **きんだいちこうすけ**
横溝正史『本陣殺人事件』でデビューする私立探偵

❸ **せんごくぶんぞう**
西村寿行の鯱シリーズに登場する仕事師集団のボス

❹ **さめじまけいぶ**
大沢在昌『新宿鮫』シリーズに出てくる一匹狼的な刑事。名は不明

❺ **ふじえだばいあん**
池波正太郎のシリーズに出てくる仕掛人

❻ **みさきみゆき**
松岡圭祐『千里眼』で千里眼の異名をとる臨床心理士

❼ **ゆきのじょう**
三上於菟吉『雪之丞変化』で、親の仇を討つ女形。本名は松浦雪太郎

❽ **せきぐちたつみ**
京極夏彦の妖怪シリーズの表向きの主人公。三文文士

❾ **あおいしんご**
川口松太郎『新吾十番勝負』で強きを挫き弱きを助ける剣士。将軍の落胤

❿ **せがわうしまつ**
島崎藤村『破戒』で、差別と戦う青年教師

上級編　さらに手ごわい！

❶ 鞍馬天狗
❷ 左文字進
❸ 木枯し紋次郎
❹ 法水麟太郎
❺ 顎十郎
❻ 和賀英良
❼ 縮尻鏡三郎
❽ 紅真吾
❾ 十津川省三
❿ 間貫一

難読編　いよいよ超難問！

❶ 棟居弘一良
❷ 沓掛時次郎
❸ 新出去定
❹ 亜愛一郎
❺ 早乙女主水之介
❻ 吉敷竹史
❼ 御手洗潔
❽ 時任謙作
❾ 柊　茂
❿ 早瀬主税

← 答えは次のページ

❶ **くらまてんぐ**
大佛次郎の小説に登場する幕末の志士。神出鬼没の活躍をする

❷ **さもんじすすむ**
西村京太郎『消えた巨人軍』でデビューする私立探偵

❸ **こがらしもんじろう**
笹沢左保の紋次郎シリーズで、楊枝をくわえたニヒルな渡世人

❹ **のりみずりんたろう**
小栗虫太郎『黒死館殺人事件』で、難事件を解決する私立探偵

❺ **あごじゅうろう**
久生十蘭『顎十郎捕物帳』に登場。長大なあごをもつ。本名は仙波阿古十郎

❻ **わがえいりょう**
松本清張『砂の器』に出てくる新進気鋭の音楽家

❼ **しくじりきょうざぶろう**
佐藤雅美の時代小説の主人公

❽ **くれないしんご**
生島治郎『黄土の奔流』などに出てくる冒険野郎

❾ **とつがわしょうぞう**
西村京太郎の作品に登場する警視庁の名警部

❿ **はざまかんいち**
尾崎紅葉『金色夜叉』で、金銭への執念に生きる主人公

---

❶ **むねすえこういちろう**
森村誠一『人間の証明』で生まれた名刑事

❷ **くつかけときじろう**
長谷川伸がつくりあげたキャラクター。旅人の博徒

❸ **にいできょじょう**
山本周五郎『赤ひげ診療譚』で、赤ひげの異名をとる頑固な町医者

❹ **ああいいちろう**
泡坂妻夫の作品に出てくる写真家で名探偵。亜が姓

❺ **さおとめもんどのすけ**
佐々木味津三『旗本退屈男』。額の三日月の刀傷がトレードマーク

❻ **よしきたけし**
島田荘司の作品に登場する警視庁捜査一課の刑事

❼ **みたらいきよし**
島田荘司『占星術殺人事件』で、難事件に挑む私立探偵

❽ **ときとうけんさく**
志賀直哉『暗夜行路』で出生の秘密に苦しむ主人公

❾ **ひいらぎしげる**
和久峻三「赤かぶ検事」シリーズに出てくる岐阜地検高山支部の検事

❿ **はやせちから**
泉鏡花『婦系図』で芸者を恋人にもつ少壮学者

●坊っちゃんの本名は？

漱石は、名づけの名人であった。『坊つちゃん』では、じつにうまい渾名がつけられている。数学教師の堀田は、山嵐。いがぐり頭が、まるで獣の山嵐に似ている。校長は、狸。顔だけではなく性格がずる賢いからだろう。教頭は、赤シャツ。いつも赤いシャツを着ている。これで文学士のハイカラぶりを象徴させる。美術教師の吉川は、野だいこ。赤シャツの腰巾着で、まるで幇間のようである。英語教師の古賀は、うらなり。青白く元気のない風貌だから、この渾名がついた。気も弱く、許婚のマドンナを赤シャツに奪われる。

ところで、坊っちゃんは、お手伝いさんの清が呼んだ愛称である。作品のなかでは、本名は出てこない。本名がないと他人が呼ぶのに困ると思うが、ここが日本の小説、というより日本語の不思議なところで、ちゃんと会話も成り立つのである。

漱石は、『吾輩は猫である』でもユニークな名前をつけている。金田鼻子は金満家の夫人で、鼻が高い。性格も高慢ちきである。変人の美学者、迷亭。へんてこな研究をしている理学士の水島寒月。生真面目すぎて滑稽な文学者の越智東風。山羊のようなひげを蓄え、東洋的修養論をぶつ八木独仙など、じつにおもしろいキャラクターと名前がつくられている。

肝心の猫の主人の名は？　これがなんと珍野苦沙弥。顔の痘痕を気にして鏡とにらめっこする主人なので、「狆がくしゃみをしたよう」（略して、狆くしゃ）という形容詞からとって名がつけられたらしい。

●鬼平は実在する人物だった

鬼平は、池波正太郎の『鬼平犯科帳』の主人公である。捕り物の腕が冴えていて、犯人を震え上がらせるので鬼平の渾名がついたが、本名は長谷川平蔵といい、れっきとした実在の人物である。松平定信といえば寛政の改革で有名だが、平蔵は定信によって火付盗賊改という役職に取り立てられた。これは江戸市中をまわって放火犯や盗賊を取り締まる役目である。平蔵は与力や同心をあごで使う立場にあった。なかなか偉い人である。

岡本綺堂の半七、野村胡堂の銭形平次、横溝正史の人形佐七、柴田錬三郎のどぶなどは捕物帳でおなじみだが、みんな岡っ引である。岡っ引は与力の下の同心に使われ、役人でもない。だから、平蔵がいかに雲の上の存在であったかがわかる。

しかし、上には上がある。遠山金四郎は奉行である。さらに上がある。テレビドラマ「暴れん坊将軍」の徳田新之介は将軍である。将軍が探偵をするとは非現実もはなはだしいが、突飛なところがおもしろい。

もう一度チャレンジ！

漢字おさらいクイズ

Quiz 1

この地名、読めますか？

●クイズの答えは252ページにあります。

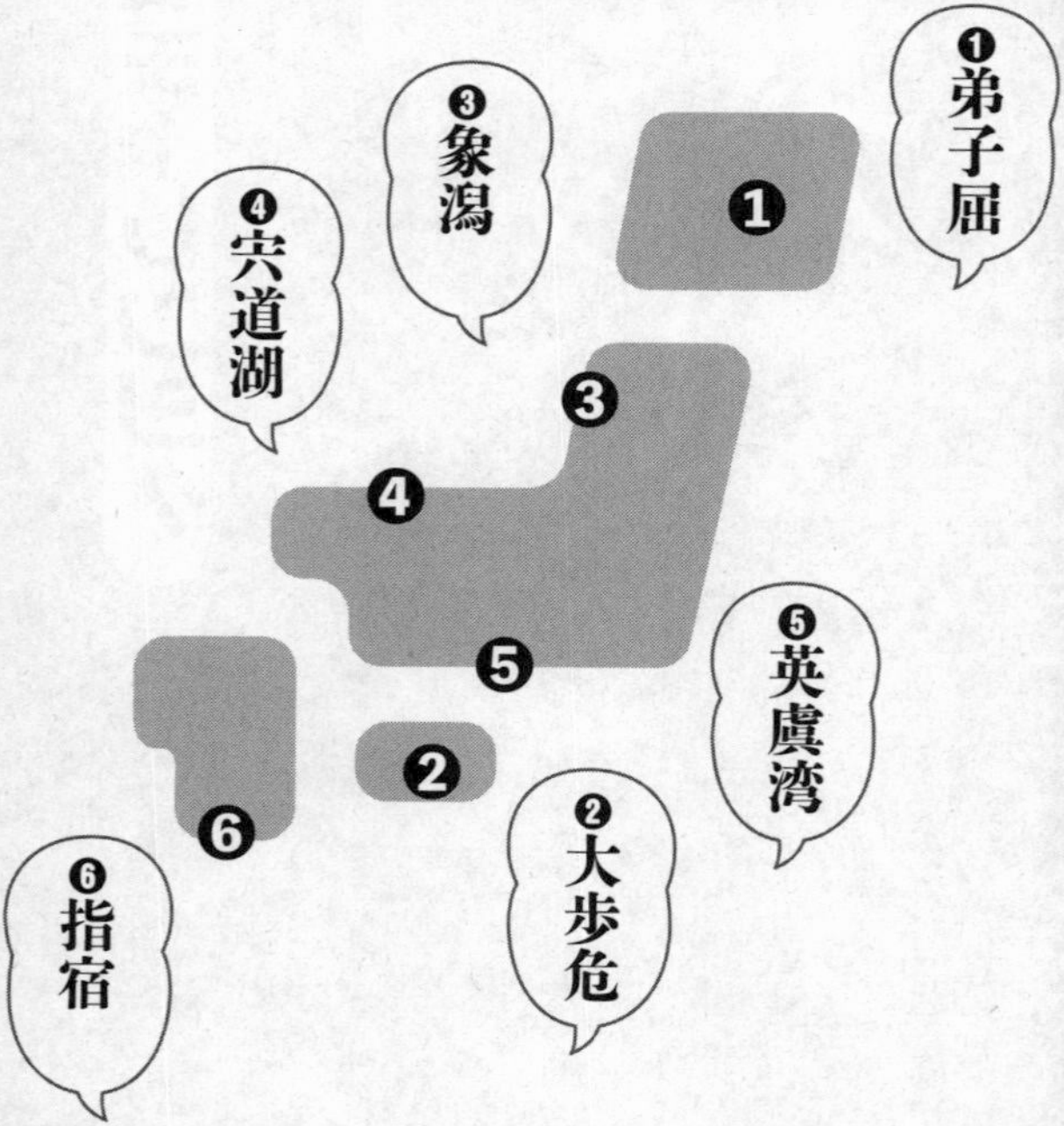

❶弟子屈

❸象潟

❹宍道湖

❺英虞湾

❷大歩危

❻指宿

❶べにばな ❷なずな ❸なでしこ ❹こんにゃく ❺くわい ❻いちじく ❼くちなし ❽しゅんぎく

Quiz 2

この国名、読めますか？

●クイズの答えは253ページにあります。

❶洪牙利　❷葡萄牙

❸秘露　❹芬蘭

❺柬埔寨　❻埃及

答え　❾くこ ❿こけ ⓫けやき ⓬きび ⓭びわ ⓮わすれなぐさ ⓯さいかち ⓰ちしゃ・ちさ

Quiz 3

この名称、読めますか？

●クイズの答えは254ページにあります。

【ヒント】家のどの部分にあたるかをイメージしてみよう。

❶破風　❷長押　❸框

❹庇　❺三和土　❻前栽

答え　❶てしかが ❷おおぼけ ❸きさかた ❹しんじこ ❺あごわん ❻いぶすき

Quiz 4

この行事、読めますか？

●クイズの答えは255ページにあります。

11月23日
❺新嘗祭

7月7日
❸乞巧奠

2月2日
❶追儺

12月25日
❻降誕祭

7月9日
❹鬼灯市

7月2日
❷半夏生

❶ハンガリー ❷ポルトガル ❸ペルー ❹フィンランド ❺カンボジア ❻エジプト

Quiz 5

この和菓子、読めますか？

●クイズの答えは256ページにあります。

❶**銅鑼焼**

ドラえもんが大好物の和菓子といえば…

❷**求肥**

食感がもっちりとして、やわらかい和菓子は…

❸**最中**

つい「さいちゅう」と読みたくなる和菓子は…

❹**落雁**

茶席で出される定番の干菓子といえば…

❺**外郎**

名古屋が有名だが、小田原も名産の和菓子といえば…

❻**金米糖**

戦国時代に宣教師などが伝えた砂糖菓子といえば…

答え ❶はふ ❷なげし ❸かまち ❹ひさし ❺たたき ❻せんざい

Quiz 6

この隠語、読めますか？

●クイズの答えは257ページにあります。

❶十八番

歌舞伎では、いちばん得意とする芸をこう呼ぶ…

❷殺陣

語源はほんとうに「さつじん」だったそうだが…

❸乱波

戦国時代に登場したスパイ集団はこう呼ばれた…

❹香具師

映画「男はつらいよ」の寅次郎の職業がこれ…

❺美人局

SNSの広がりでハニートラップ的な犯罪が急増している…

❻猫糞

猫はフンをしたあと、砂をかけて隠すとか…

答え ❶ついな ❷はんげしょう ❸きこうでん・きっこうでん ❹ほおずきいち ❺にいなめさい ❻こうたんさい

Quiz 7

この名前、読めますか？

●クイズの答えは258・259ページにあります。

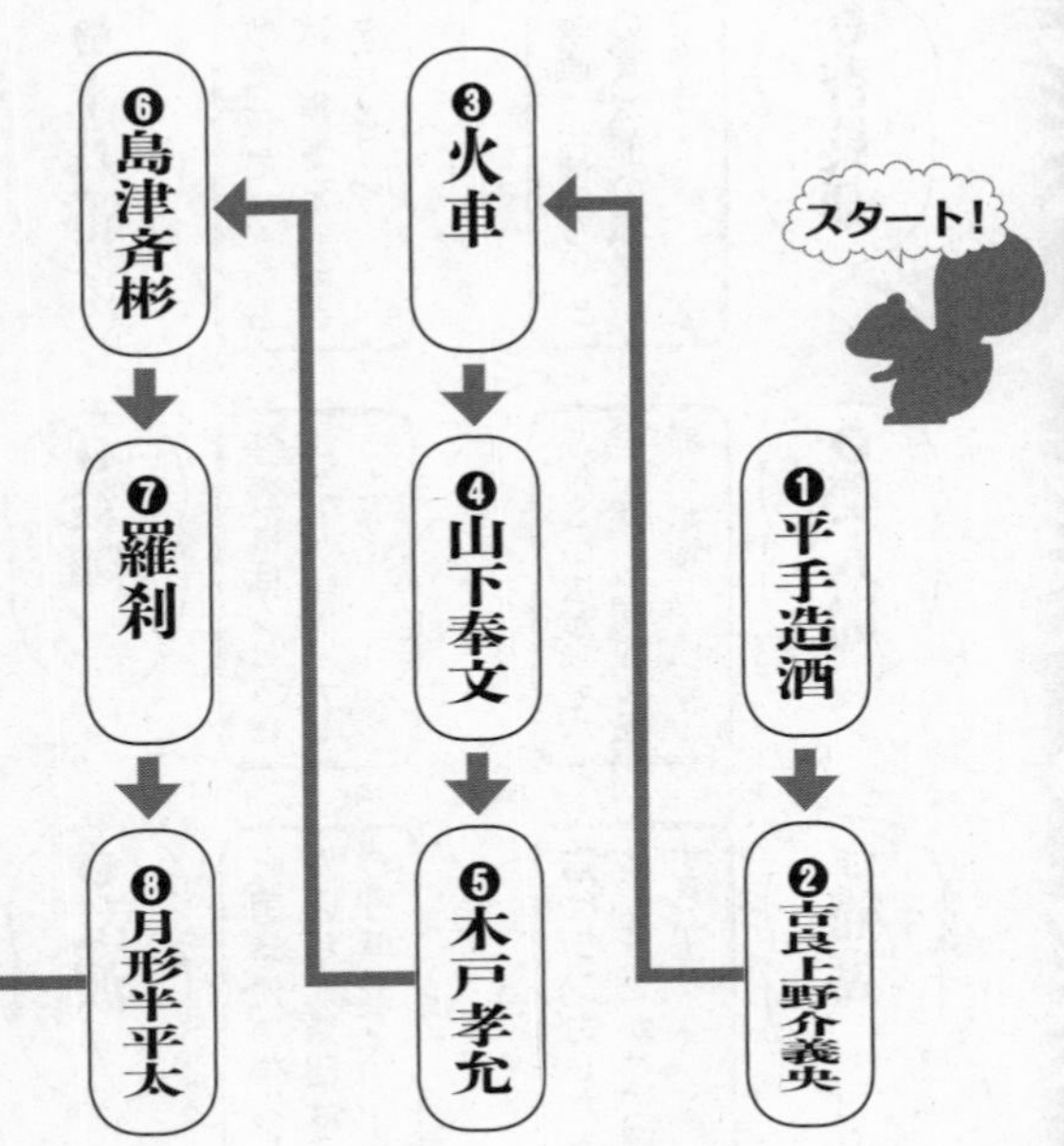

答え ❶どらやき ❷ぎゅうひ ❸もなか ❹らくがん ❺ういろう ❻コンペイトー

「歴史人物」「架空人物」「妖怪」から選んだ、漢字しりとり問題です。それぞれの漢字の最後の読みに続けて読んでみましょう。

●「しゃ・しゅ・しょ・じゃ・じゅ・じょ」で終わるものは、「や・ゆ・よ」から始めます。

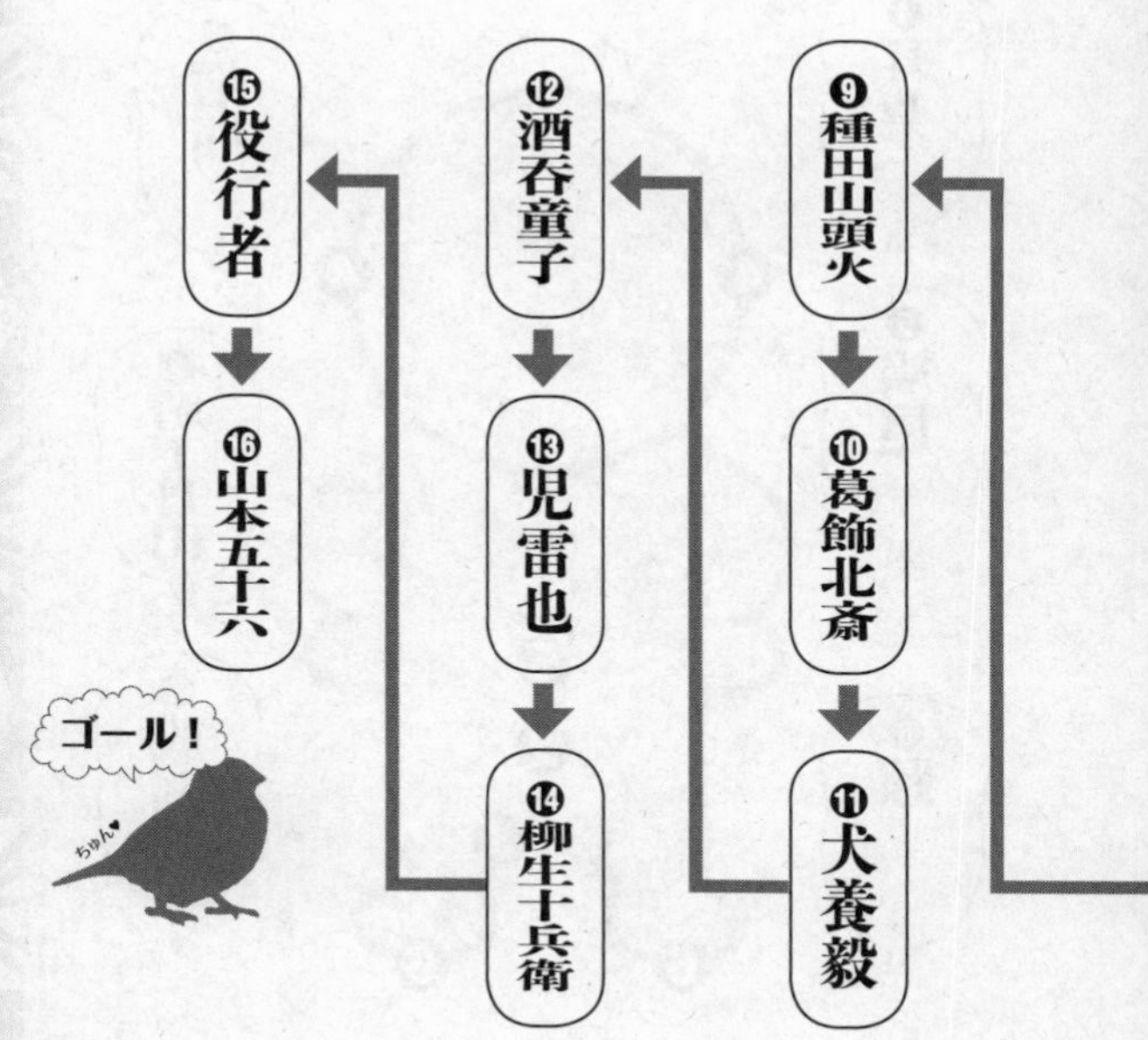

答え　❶おはこ・じゅうはちばん ❷たて ❸らっぱ ❹やし ❺つつもたせ ❻ねこばば

Quiz 8

この体の名称、読めますか？

●クイズの答えは260ページにあります。

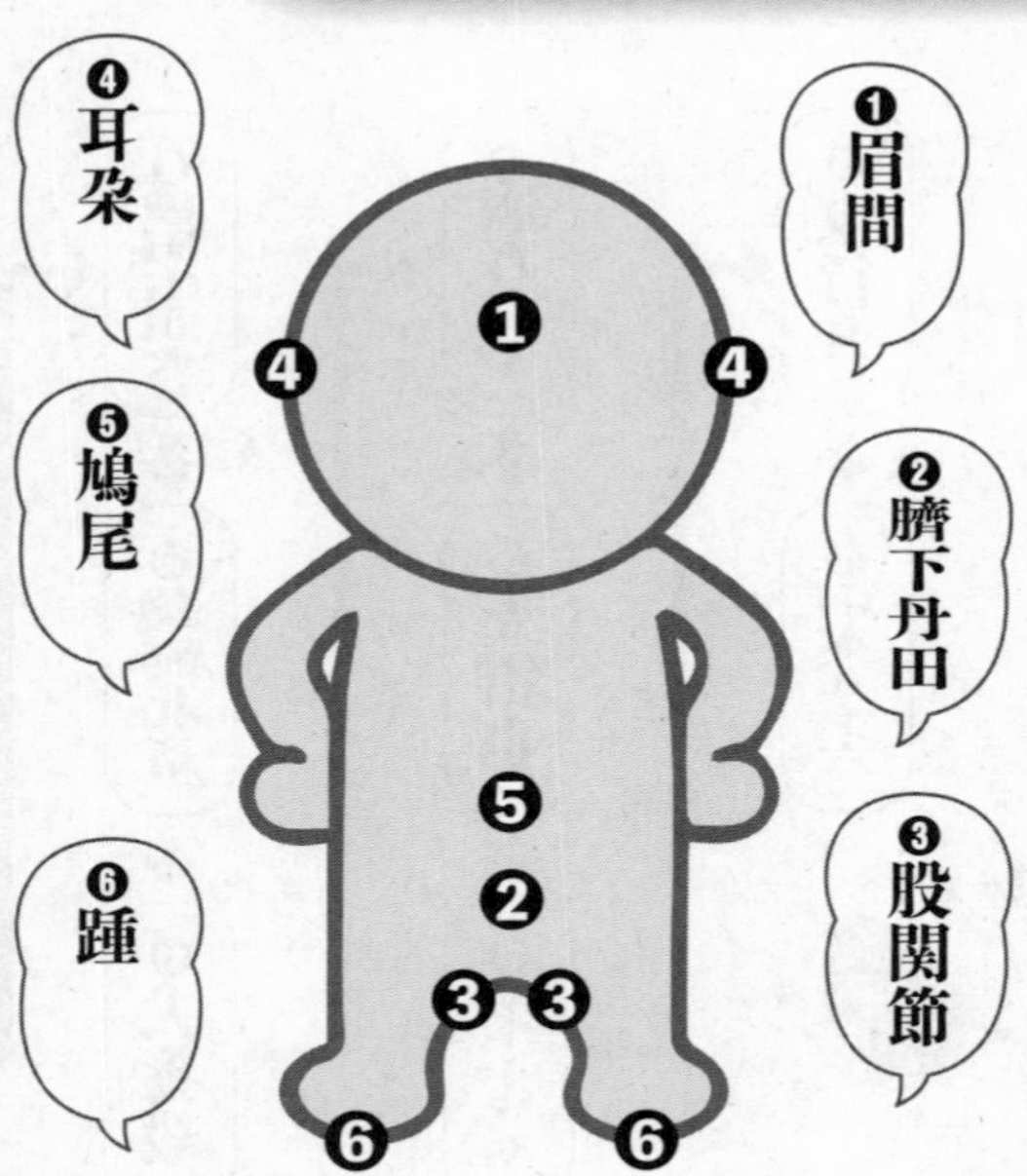

答え ❶ひらてみき ❷きらこうずけのすけよしなか ❸かしゃ ❹やましたともゆき ❺きどたかよし ❻しまづなりあきら ❼らせつ ❽つきがたはんぺいた

Quiz 9 この品種読めますか？

●クイズの答えは261ページにあります。

【ヒント】産地から考えてみよう。

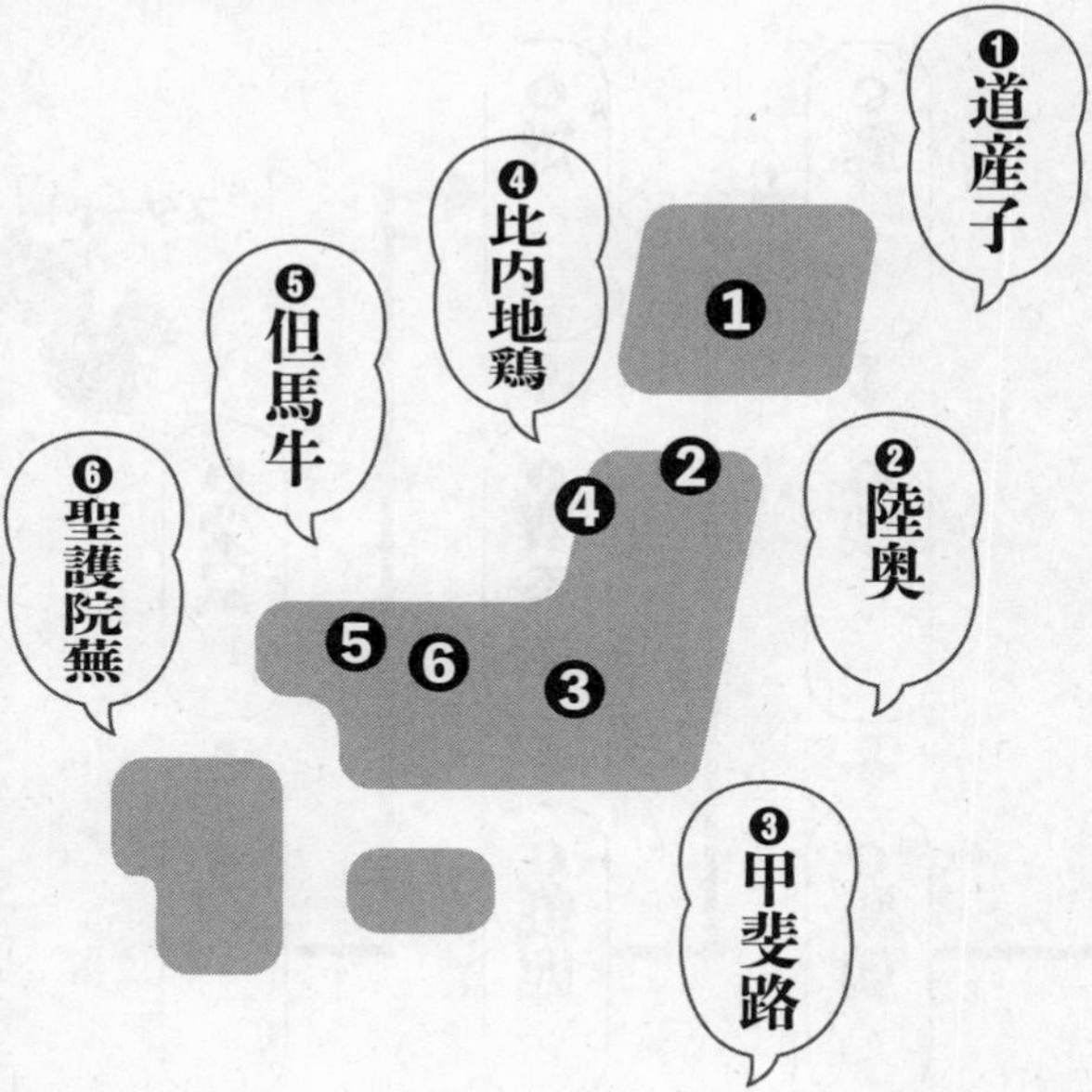

❶道産子

❷陸奥

❸甲斐路

❹比内地鶏

❺但馬牛

❻聖護院蕪

答え　❾たねださんとうか ❿かつしかほくさい ⓫いぬかいつよし ⓬しゅてんどうじ ⓭じらいや ⓮やぎゅうじゅうべえ ⓯えんのぎょうじゃ ⓰やまもといそろく

Quiz 10

この生き物たち、読めますか？

●クイズの答えは262・263ページにあります。

スタート！

❶栗鼠

❷鱸

❸雉

❹麝香鹿

❺氈鹿

❻鰹

❼狼

❽鵜鶘

❶みけん ❷せいかたんでん ❸こかんせつ ❹じだ ❺みぞおち ❻かかと・きびす

「魚」「鳥」「虫」「獣」から選んだ、漢字しりとり問題です。それぞれの漢字の最後の読みに続けて、読んでみましょう。超難読の漢字も入っているので、ガンバって！

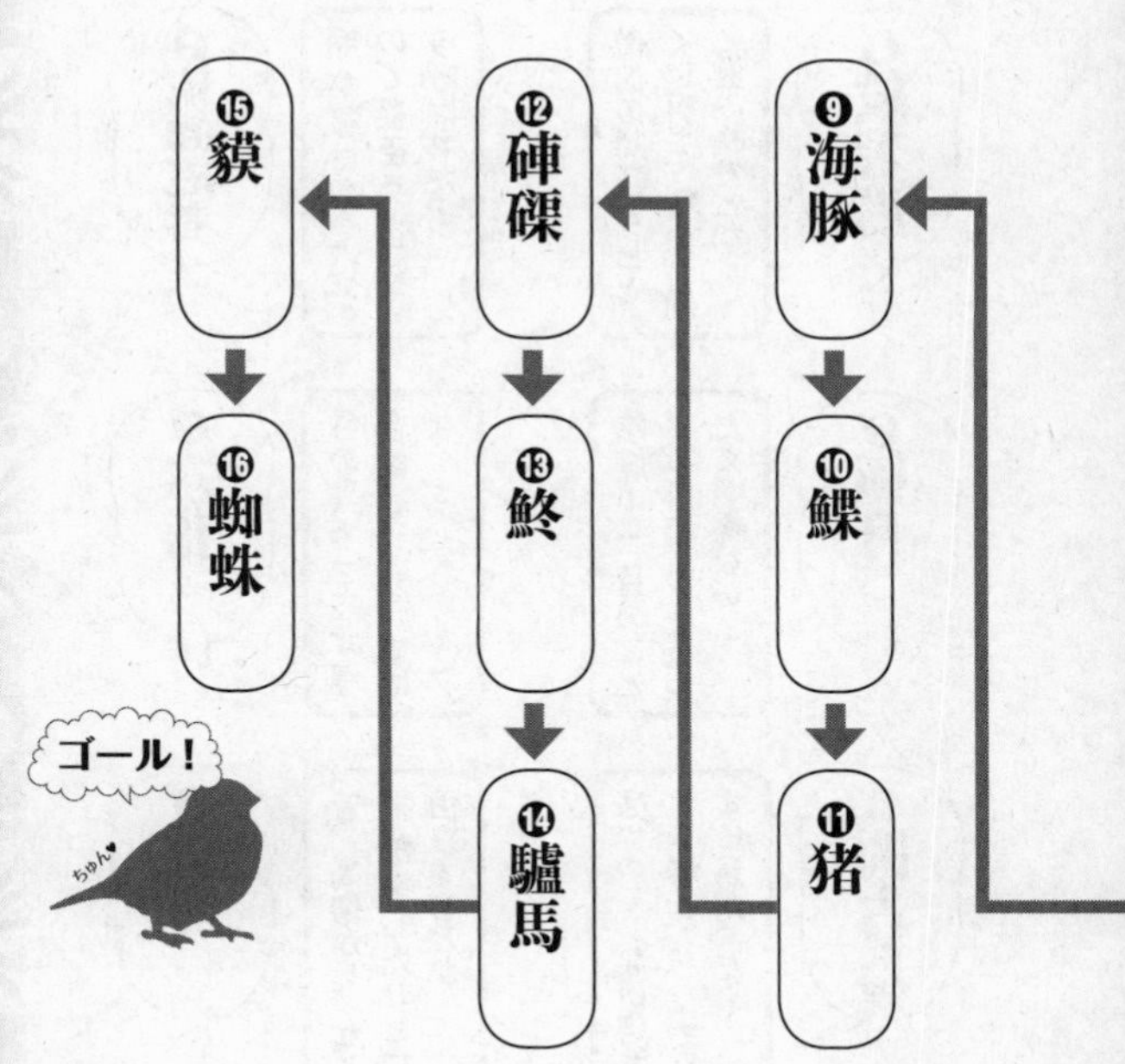

答え　❶どさんこ ❷むつ ❸かいじ ❹ひないじどり ❺たじまうし ❻しょうごいんかぶら

Quiz 11

この漢字、読めますか？

●クイズの答えは264ページにあります。

❶猿面冠者

顔が猿に似ていたので豊臣秀吉はこう呼ばれた…

❷六花

雪の異名を表す場合は「ろっか」ではなく…

❸雪隠

昔、高僧がせっせと掃除をしたことに由来するとか…

❹般若湯

僧侶の隠語としてとくに有名。智恵が湧く飲み物だとか…

❺極月

陰暦十二月のことで、「月極」とはまったく関係ない…

❻閑古鳥

はやっていない店をこう呼ぶが、実在する鳥だった…

答え　❶りす ❷すずき ❸きじ ❹じゃこうじか ❺かもしか ❻かつお ❼おおかみ ❽みそさざい

Quiz 12

この漢字、読めますか？

●クイズの答えは265ページにあります。

❶読経

❷位牌

❸祥月命日

❹供花

❺通夜

❻荼毘

❾いるか ❿かれい ⓫いのしし ⓬しゃこ ⓭このしろ ⓮ろば ⓯ばく ⓰くも

Quiz 13

この郷土名物、読めますか？

●クイズの答えは266ページにあります。

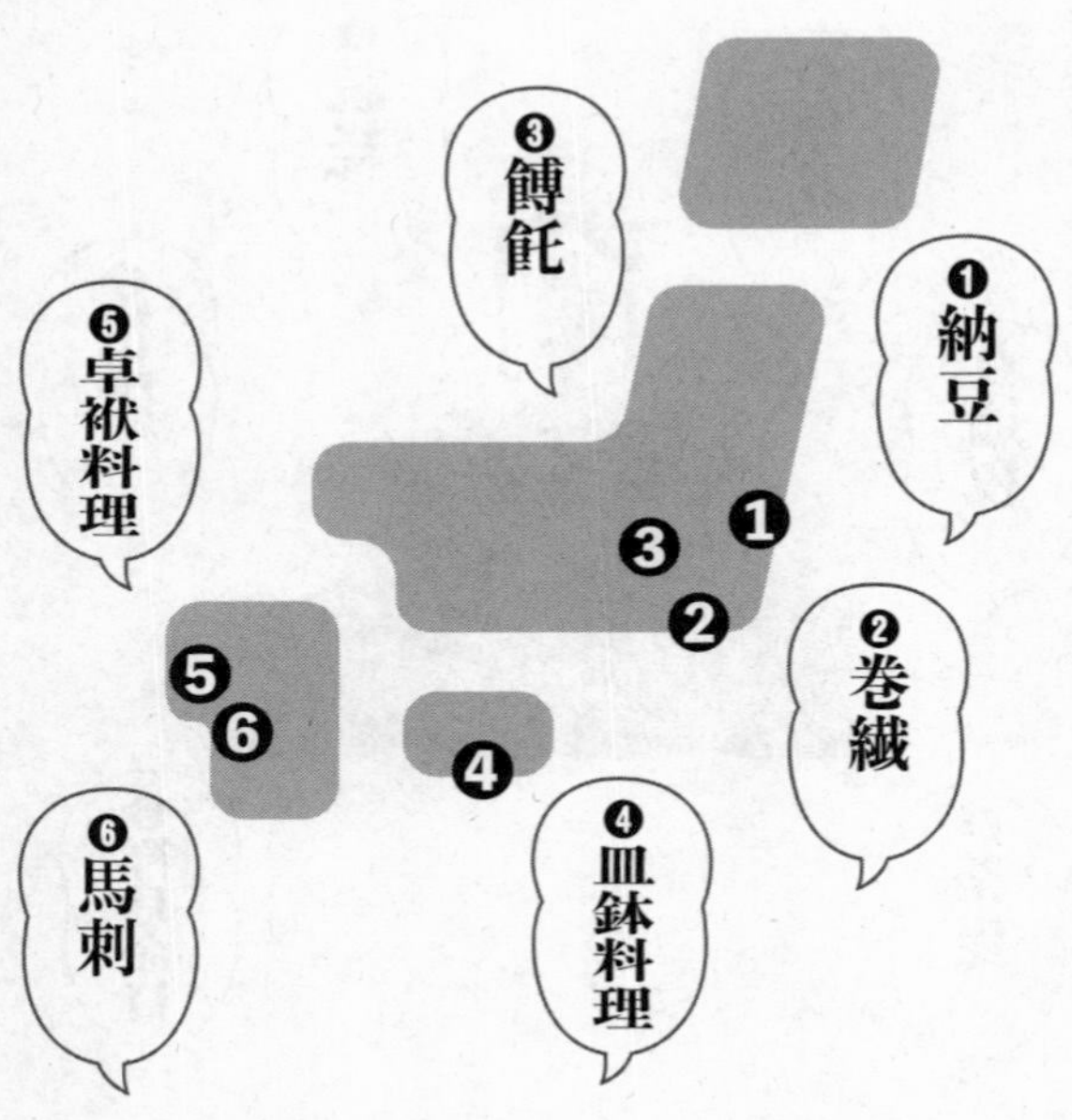

答え ❶さるめんかじゃ ❷りっか ❸せっちん ❹はんにゃとう ❺ごくげつ ❻かんこどり

Quiz 14

この呼び方、読めますか？

●クイズの答えは267ページにあります。

答え　❶どきょう ❷いはい ❸しょうつきめいにち ❹くげ・くうげ・きょうか ❺つや ❻だび

Quiz 15

この名前、読めますか？

●クイズの答えは250・251ページにあります。

スタート！

❶紅花

❷薺

❸撫子

❹蒟蒻

❺慈姑

❻無花果

❼梔子

❽春菊

答え ❶なっとう ❷けんちん ❸ほうとう ❹さわちりょうり ❺しっぽくりょうり ❻ばさし

「草」「木」「野菜・果物」から選んだ、漢字しりとり問題です。それぞれの漢字の最後の読みに続けて、読んでみましょう。超難読の漢字も入っているので、ガンバって！

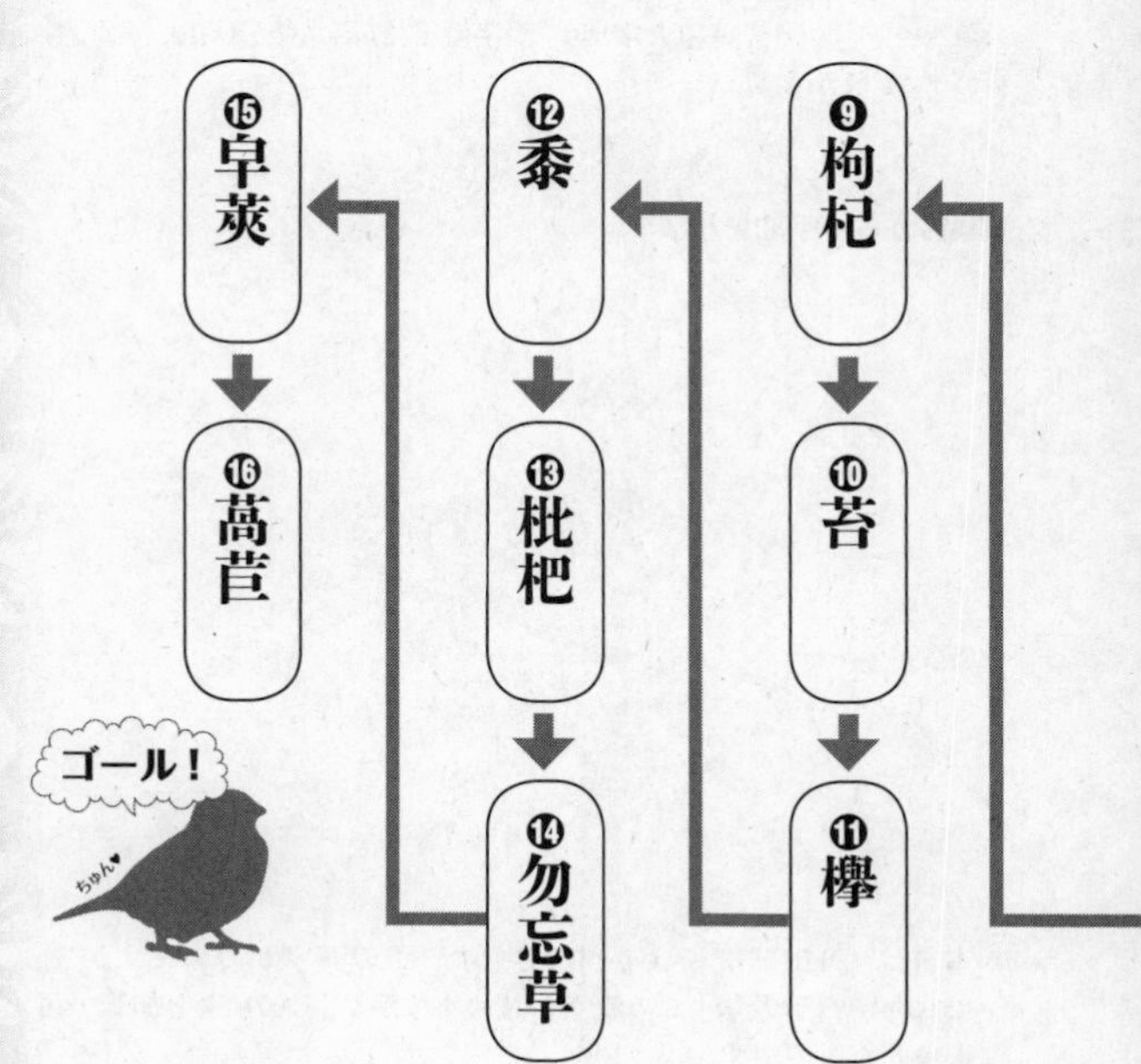

答え　❶やまとなでしこ ❷おきゃん ❸たおやめ ❹とじ ❺れいじん ❻うばざくら

著者紹介
加納喜光（かのう　よしみつ）
1940年、鹿児島県生まれ。東京大学文学部中国哲学科卒、同大学院修士課程修了。現在、茨城大学名誉教授。
主な著書に、『中国医学の誕生』（東京大学出版会）、『漢字の博物誌』（大修館書店）、『漢字語源語義辞典』『数の漢字の起源辞典』（以上、東京堂出版）、『魚偏漢字の話』『常用漢字コアイメージ辞典』（以上、中央公論新社）、『学研新漢和大字典』『漢字源 改訂第六版』（共編、以上、学研プラス）ほか多数。

編集協力――月岡廣吉郎

＊本書は、PHP研究所より刊行された『この漢字が読めますか？』（2002年）、『［普及版］この漢字が読めますか？』（2009年）を加筆・再編集したものです。
＊現在の目から見ると、適切ではないとも思われる表現や語句が用いられている箇所がありますが、漢字の意味や成り立ちを理解していただくために、あえて用いていることをお断りしておきます。

PHP文庫 知れば知るほど面白い
この漢字が読めますか？

2020年10月15日 第1版第1刷

著 者 加 納 喜 光
発行者 後 藤 淳 一
発行所 株式会社PHP研究所
東京本部 〒135-8137 江東区豊洲5-6-52
PHP文庫出版部 ☎03-3520-9617(編集)
普及部 ☎03-3520-9630(販売)
京都本部 〒601-8411 京都市南区西九条北ノ内町11
PHP INTERFACE https://www.php.co.jp/
組 版 月 岡 廣 吉 郎
印刷所
製本所 図書印刷株式会社

 ISBN978-4-569-90081-0

PHP文庫

論理力が身につく
大人のクイズ

逢沢 明 著

「歯痛の人が毎日皮膚科に通うのはなぜ?」「一円玉10トンと十円玉1トン、どっちが得?」など、「大人」の論理力を養う良問が満載。

PHP文庫

あなたも使っていませんか？

日本人が「9割間違える」日本語

本郷陽二 著

「うる覚え」か「うろ覚え」か？ 「小春日和」は秋に使う言葉？ 勘違い・誤用・乱れがちな日本語の微妙な表現を正しく覚えられる本。